Bernd Wehren

Rätselhafte Rechtschreib-Gitter

Spielerisch wichtige Rechtschreibregeln
anwenden und verstehen in zwei Schwierigkeitsstufen

ab Klasse 2

Kopiervorlagen mit Lösungen

Gedruckt auf umweltbewusst gefertigtem, chlorfrei gebleichtem
und alterungsbeständigem Papier.

1. Auflage 2012
Nach den seit 2006 amtlich gültigen Regelungen der Rechtschreibung
© by Brigg Pädagogik Verlag GmbH, Augsburg
Alle Rechte vorbehalten.
Das Werk und seine Teile sind urheberrechtlich geschützt.
Jede Nutzung in anderen als den gesetzlich zugelassenen Fällen bedarf der vorherigen
schriftlichen Einwilligung des Verlages. Hinweis zu § 52 a UrhG: Weder das Werk noch seine
Teile dürfen ohne eine solche Einwilligung eingescannt und in ein Netzwerk eingestellt werden.
Dies gilt auch für Intranets von Schulen und sonstigen Bildungseinrichtungen.

ISBN 978-3-87101-911-1   www.brigg-paedagogik.de

Inhaltsverzeichnis

Einleitung 4
Urkunde 5

  1. Doppelter Mitlaut ff 6
  2. Doppelter Mitlaut ll 10
  3. Doppelter Mitlaut mm 14
  4. Doppelter Mitlaut nn 18
  5. Doppelter Mitlaut pp 22
  6. Doppelter Mitlaut ss 26
  7. Doppelter Mitlaut tt 30

  8. Wörter mit ck 34
  9. Wörter mit tz 38

10. Auslautverhärtung -d 42
11. Auslautverhärtung -g 46
12. Auslautverhärtung -b 50

13. Dehnungs-h 54
14. Doppelter Selbstlaut aa, ee, oo 58
15. Wörter mit ie 62
16. Wörter mit langem i 66

17. Wörter mit eu 70
18. Wörter mit ä und äu 74
19. Wörter mit ä 78
20. Wörter mit ai 82

Einleitung

Die meisten Kinder kennen Kreuzworträtsel bzw. Gitterrätsel aus Rätselheften, Kinderzeitschriften usw. Man muss in ein Gitter, bestehend aus Kästchen, vorgegebene Wörter eintragen, sodass zum Schluss alle Wörter eingetragen worden sind und kein Kästchen leer bleibt. Man schreibt immer einen Buchstaben in ein Kästchen.

In diesem Buch befinden sich zahlreiche Rechtschreib-Gitter, in die die Kinder vorgegebene Wörter mit einer Rechtschreibbesonderheit eintragen müssen. Gleichzeitig befindet sich auf jedem Arbeitsblatt die entsprechende **Rechtschreibregel**.
Die „Rätselhaften Rechtschreib-Gitter" wecken die Neugier der Kinder und fordern zum korrekten Schreiben und Lernen der wichtigsten Rechtschreibregeln heraus.

Die Kinder sollen auf jedem Arbeitsblatt stets mit Bleistift folgende **Aufgaben** lösen:
- die Rechtschreibbesonderheit in den Wörtern markieren
- die Wörter ins Gitter eintragen
- die Wörter nach dem Abc ordnen
- die Wörter nach Wortarten ordnen
- ihr fertiges Gitter mit der Lösung vergleichen und verbessern
- einen Quatschsatz oder -text mit den Wörtern aufschreiben

Die Rechtschreib-Gitter sind **zweifach differenziert**:
🐢 leicht: alle Selbstlaute, Doppellaute und Umlaute sind im Gitter vorgegeben

 schwer: die meisten Kästchen im Gitter sind leer; die Lehrkraft kann den Schülern hier den Tipp geben, zunächst die Buchstaben der angegebenen Wörter zu zählen und möglichst mit dem längsten oder kürzesten Wort zu beginnen.

Die kopierten Lösungsseiten können Sie zu einem Heft zusammentackern und für die Kinder im Klassenraum auslegen, sodass sie sich **selbst kontrollieren** können. Bei einigen Rechtschreib-Gittern gibt es auch mehrere Lösungsmöglichkeiten. Zur Belohnung erhalten die Kinder eine **Urkunde** (S. 5).

Die „Rätselhaften Rechtschreib-Gitter" können neben dem Deutsch- und Förderunterricht auch gezielt im Rechtschreibunterricht, in der Frei-, Wochenplan- und Stationsarbeit eingesetzt werden.
Sie können im Unterricht auch die leichten Arbeitsblätter einsetzen und als weiterführende, schwierigere Aufgabe die schweren Arbeitsblätter als Hausaufgabe aufgeben.
Zudem kann man die Arbeitsblätter laminieren, mit wasserlöslichem Folienstift beschriften oder/und jahrgangsweise einsetzen, z.B.: leicht = Klasse 2, leicht und schwer = Klasse 3 und 4, schwer = Klasse 4.

Viel Spaß und Erfolg mit den „Rätselhaften Rechtschreib-Gittern" wünscht Ihnen und Ihren Schülern

Bernd Wehren

Urkunde

für

___

Du hast viele Rechtschreib-Gitter
enträtselt und kennst nun viele
Rechtschreibregeln.
Toll!

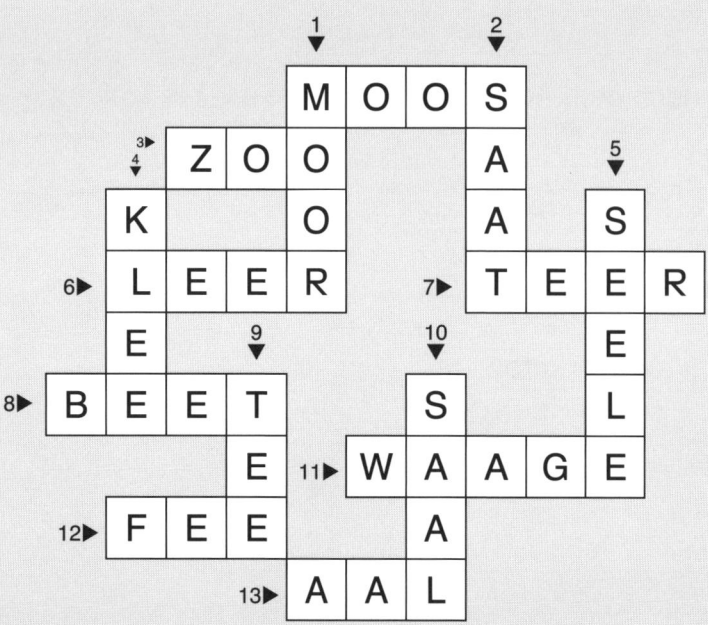

___

Datum, Unterschrift

1. Doppelter Mitlaut ff

 Nach kurzem Selbstlaut oder Umlaut folgt meist ein doppelter Mitlaut: ff.

1. a) Kreise alle ff ein.   b) Schreibe mit Bleistift die ff-Wörter in die Kästchen.

**Affe   hoffen   Kaffee   Kartoffel   Koffer   Waffel   Löffel   offen   öffnen
schaffen   Schiff   Stoff   treffen   pfiffig**

2. Ordne die Wörter nach dem Abc und schreibe sie auf die Linien.

_____
_____
_____

3. Ordne die Wörter nach Wortarten.

   Namenwörter: _____

   Tunwörter: _____

   Wiewörter: _____

   restliche Wörter: _____

4. Vergleiche mit der Lösung. Verbessere.

5. Erfinde einen Quatschsatz oder einen Quatschtext mit vielen ff-Wörtern.

1. Doppelter Mitlaut ff – Lösung

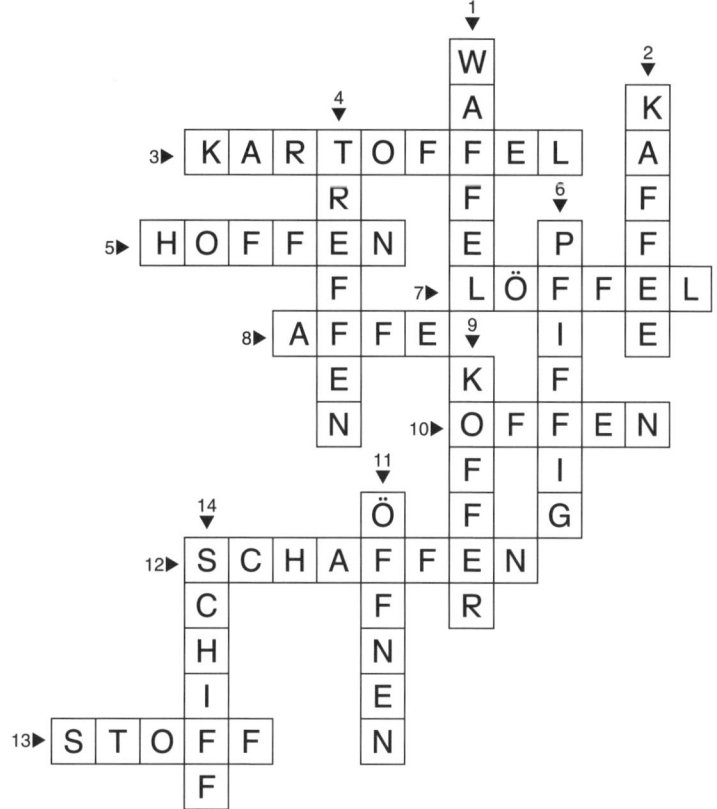

2. Ordne die Wörter nach dem Abc und schreibe sie auf die Linien.

   Affe, hoffen, Kaffee, Kartoffel, Koffer, Löffel, offen, öffnen, pfiffig, schaffen, Schiff,

   Stoff, treffen, Waffel

3. Ordne die Wörter nach Wortarten.

   Namenwörter: Affe, Kaffee, Kartoffel, Koffer, Löffel, Schiff, Stoff, Waffel

   Tunwörter: hoffen, öffnen, schaffen, treffen

   Wiewörter: offen, pfiffig

   restliche Wörter: –

1. Doppelter Mitlaut ff

 Nach kurzem Selbstlaut oder Umlaut folgt meist ein doppelter Mitlaut: ff.

1. a) Kreise alle ff ein.   b) Schreibe mit Bleistift die ff-Wörter in die Kästchen.

**Affe   hoffen   Kaffee   Kartoffel   Koffer   Waffel   Löffel   offen   öffnen
schaffen   Schiff   Stoff   treffen   pfiffig**

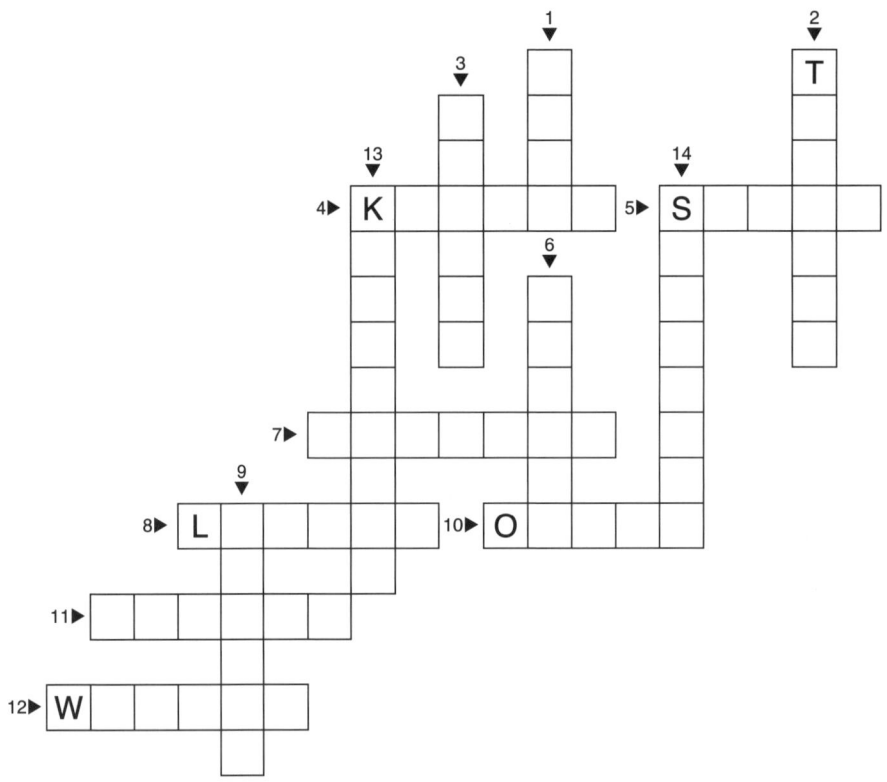

2. Ordne die Wörter nach dem Abc und schreibe sie auf die Linien.

_____

_____

_____

3. Ordne die Wörter nach Wortarten.

   Namenwörter: _____

   Tunwörter: _____

   Wiewörter: _____

   restliche Wörter: _____

4. Vergleiche mit der Lösung. Verbessere.

5. Erfinde einen Quatschsatz oder einen Quatschtext mit vielen ff-Wörtern.

1. Doppelter Mitlaut ff – Lösung

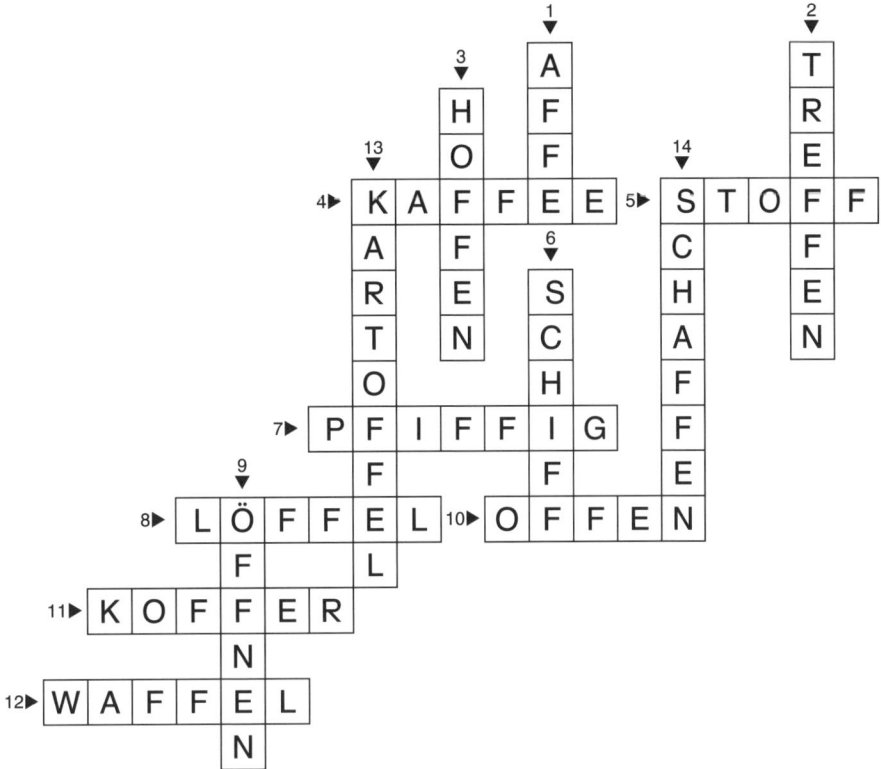

2. Ordne die Wörter nach dem Abc und schreibe sie auf die Linien.

   Affe, hoffen, Kaffee, Kartoffel, Koffer, Löffel, offen, öffnen, pfiffig, schaffen, Schiff,

   Stoff, treffen, Waffel

3. Ordne die Wörter nach Wortarten.

   Namenwörter: Affe, Kaffee, Kartoffel, Koffer, Löffel, Schiff, Stoff, Waffel

   Tunwörter: hoffen, öffnen, schaffen, treffen

   Wiewörter: offen, pfiffig

   restliche Wörter: –

2. Doppelter Mitlaut ll

 Nach kurzem Selbstlaut oder Umlaut folgt meist ein doppelter Mitlaut: ll.

1. a) Kreise alle ll ein.   b) Schreibe mit Bleistift die ll-Wörter in die Kästchen.

**Fell   Ball   Kellner   bellen   Wolle   Teller   Welle   toll
hell   Brille   schnell   still   Pullover   Stall**

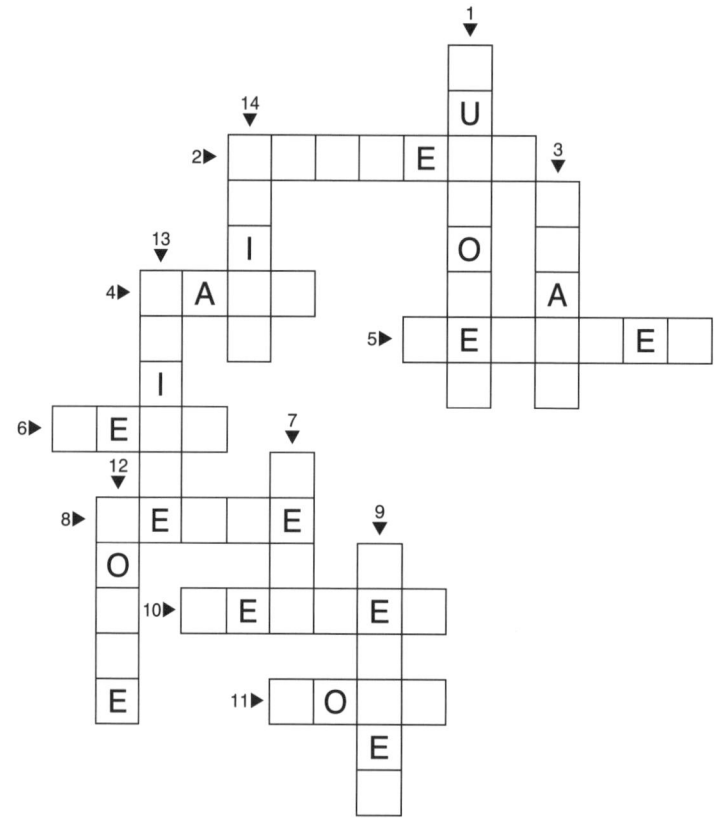

2. Ordne die Wörter nach dem Abc und schreibe sie auf die Linien.

_____

_____

_____

3. Ordne die Wörter nach Wortarten.

   Namenwörter: _____

   Tunwörter: _____

   Wiewörter: _____

   restliche Wörter: _____

4. Vergleiche mit der Lösung. Verbessere.

5. Erfinde einen Quatschsatz oder einen Quatschtext mit vielen ll-Wörtern.

2. Doppelter Mitlaut ll – Lösung

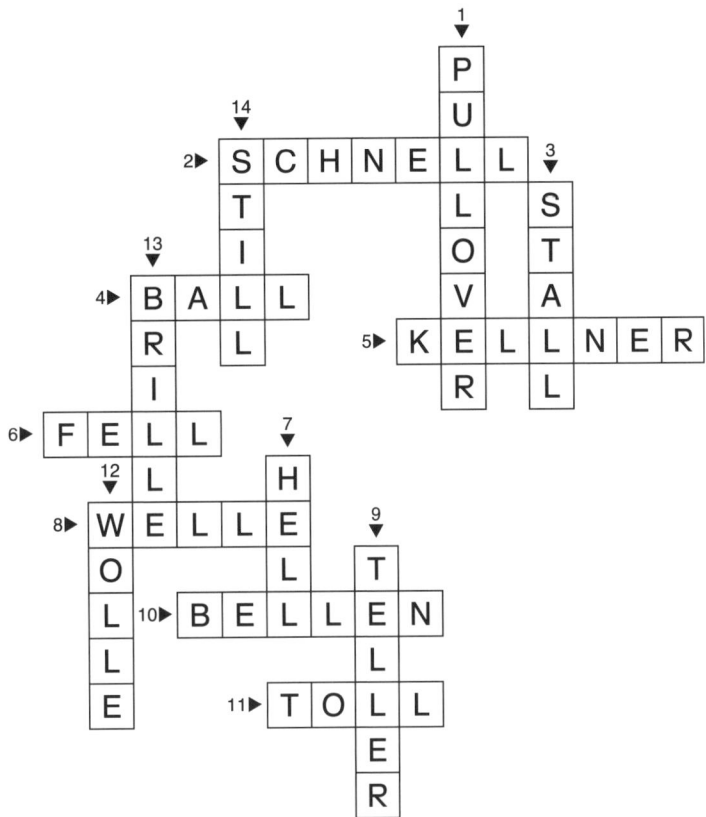

2. Ordne die Wörter nach dem Abc und schreibe sie auf die Linien.

   Ball, bellen, Brille, Fell, hell, Kellner, Pullover, schnell, Stall, still, Teller, toll, Welle, Wolle

3. Ordne die Wörter nach Wortarten.

   Namenwörter: Ball, Brille, Fell, Kellner, Pullover, Stall, Teller, Welle, Wolle

   Tunwörter: bellen

   Wiewörter: hell, schnell, still, toll

   restliche Wörter: —

2. Doppelter Mitlaut ll

 Nach kurzem Selbstlaut oder Umlaut folgt meist ein doppelter Mitlaut: ll.

1. a) Kreise alle ll ein.   b) Schreibe mit Bleistift die ll-Wörter in die Kästchen.

**Fell   Ball   Kellner   bellen   Wolle   Teller   Welle   toll
hell   Brille   schnell   still   Pullover   Stall**

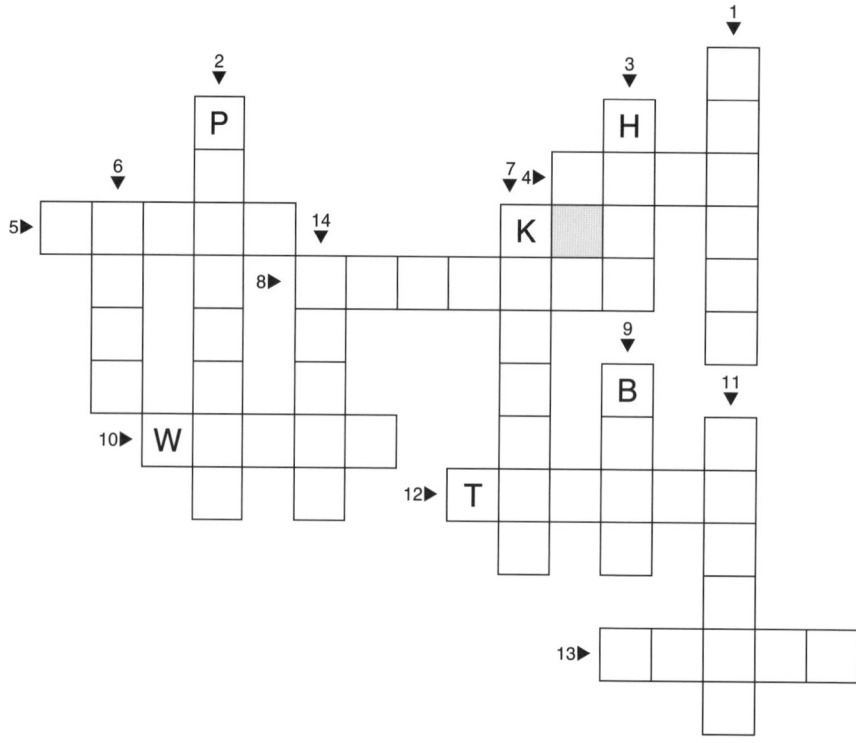

2. Ordne die Wörter nach dem Abc und schreibe sie auf die Linien.

_____

_____

_____

3. Ordne die Wörter nach Wortarten.

   Namenwörter: _____

   Tunwörter: _____

   Wiewörter: _____

   restliche Wörter: _____

4. Vergleiche mit der Lösung. Verbessere.

5. Erfinde einen Quatschsatz oder einen Quatschtext mit vielen ll-Wörtern.

2. Doppelter Mitlaut ll – Lösung

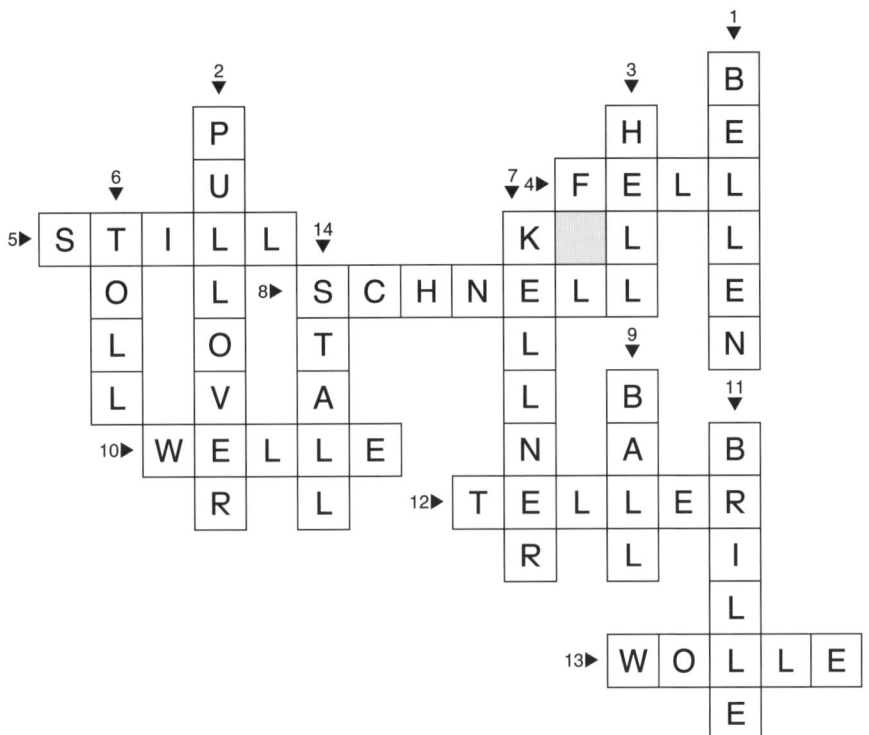

2. Ordne die Wörter nach dem Abc und schreibe sie auf die Linien.

   Ball, bellen, Brille, Fell, hell, Kellner, Pullover, schnell, Stall, still, Teller, toll, Welle, Wolle

3. Ordne die Wörter nach Wortarten.

   Namenwörter: Ball, Brille, Fell, Kellner, Pullover, Stall, Teller, Welle, Wolle

   Tunwörter: bellen

   Wiewörter: hell, schnell, still, toll

   restliche Wörter: –

3. Doppelter Mitlaut mm

 Nach kurzem Selbstlaut oder Umlaut folgt meist ein doppelter Mitlaut: mm.

1. a) Kreise alle mm ein.   b) Schreibe mit Bleistift die mm-Wörter in die Kästchen.

   dumm   Himmel   immer   Sommer   Zimmer   schwimmen   Nummer   schlimm
   brummen   Hammer   krumm   sammeln   Trommel   Kamm

2. Ordne die Wörter nach dem Abc und schreibe sie auf die Linien.

   _____
   _____
   _____

3. Ordne die Wörter nach Wortarten.

   Namenwörter: _____

   Tunwörter: _____

   Wiewörter: _____

   restliche Wörter: _____

4. Vergleiche mit der Lösung. Verbessere.

5. Erfinde einen Quatschsatz oder einen Quatschtext mit vielen mm-Wörtern.

2. Doppelter Mitlaut mm – Lösung

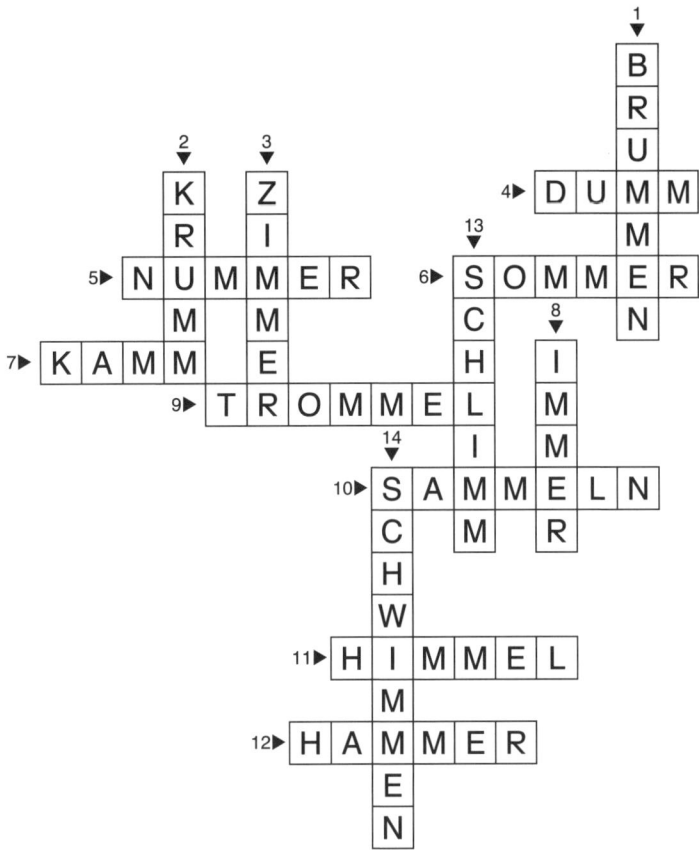

2. Ordne die Wörter nach dem Abc und schreibe sie auf die Linien.

   brummen, dumm, Hammer, Himmel, immer, Kamm, krumm, Nummer, sammeln,

   schlimm, schwimmen, Sommer, Trommel, Zimmer

3. Ordne die Wörter nach Wortarten.

   Namenwörter: Hammer, Himmel, Kamm, Nummer, Sommer, Trommel, Zimmer

   Tunwörter: brummen, sammeln, schwimmen

   Wiewörter: dumm, krumm, schlimm

   restliche Wörter: immer

3. Doppelter Mitlaut mm

 Nach kurzem Selbstlaut oder Umlaut folgt meist ein doppelter Mitlaut: mm.

1. a) Kreise alle mm ein.   b) Schreibe mit Bleistift die mm-Wörter in die Kästchen.

   dumm   Himmel   immer   Sommer   Zimmer   schwimmen   Nummer   schlimm
   brummen   Hammer   krumm   sammeln   Trommel   Kamm

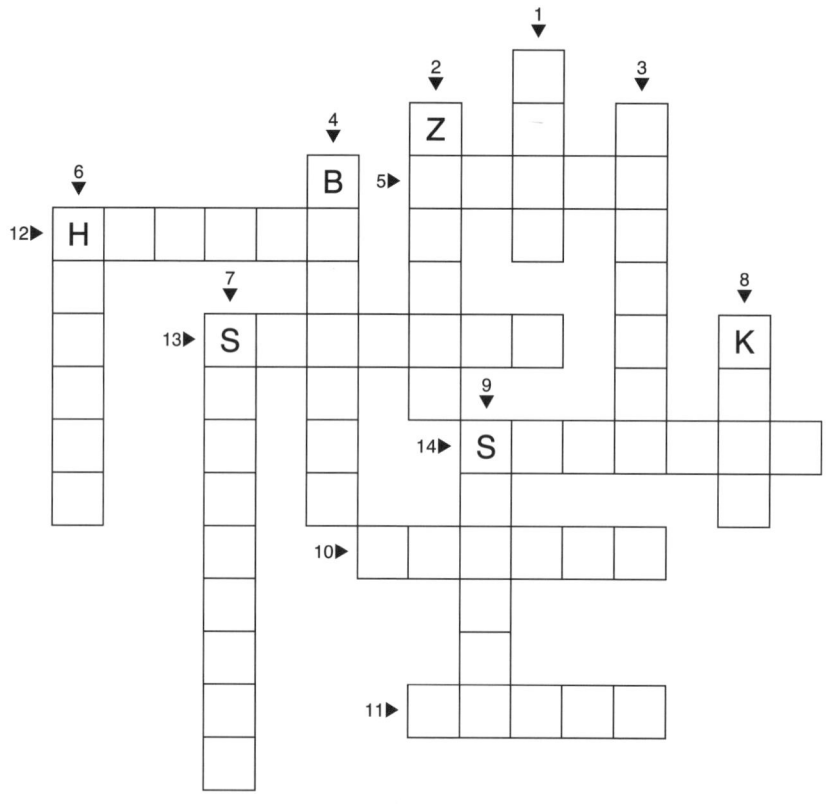

2. Ordne die Wörter nach dem Abc und schreibe sie auf die Linien.

   _____
   _____
   _____

3. Ordne die Wörter nach Wortarten.

   Namenwörter: _____

   Tunwörter: _____

   Wiewörter: _____

   restliche Wörter: _____

4. Vergleiche mit der Lösung. Verbessere.

5. Erfinde einen Quatschsatz oder einen Quatschtext mit vielen mm-Wörtern.

3. Doppelter Mitlaut mm – Lösung

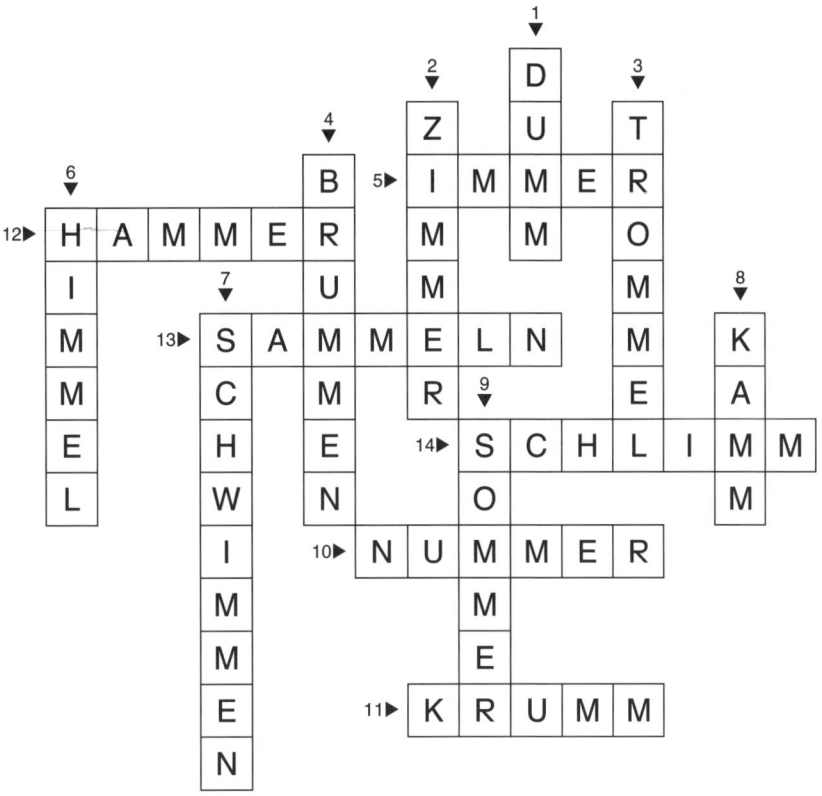

2. Ordne die Wörter nach dem Abc und schreibe sie auf die Linien.

   brummen, dumm, Hammer, Himmel, immer, Kamm, krumm, Nummer, sammeln,

   schlimm, schwimmen, Sommer, Trommel, Zimmer

3. Ordne die Wörter nach Wortarten.

   Namenwörter: Hammer, Himmel, Kamm, Nummer, Sommer, Trommel, Zimmer

   Tunwörter: brummen, sammeln, schwimmen

   Wiewörter: dumm, krumm, schlimm

   restliche Wörter: immer

4. Doppelter Mitlaut nn

 Nach kurzem Selbstlaut oder Umlaut folgt meist ein doppelter Mitlaut: nn.

1. a) Kreise alle nn ein.   b) Schreibe mit Bleistift die nn-Wörter in die Kästchen.

**Tanne   Mann   Pfanne   brennen   Sonne   nennen   Kinn   dünn   Kanne
Spinne   rennen   donnern   Wanne**

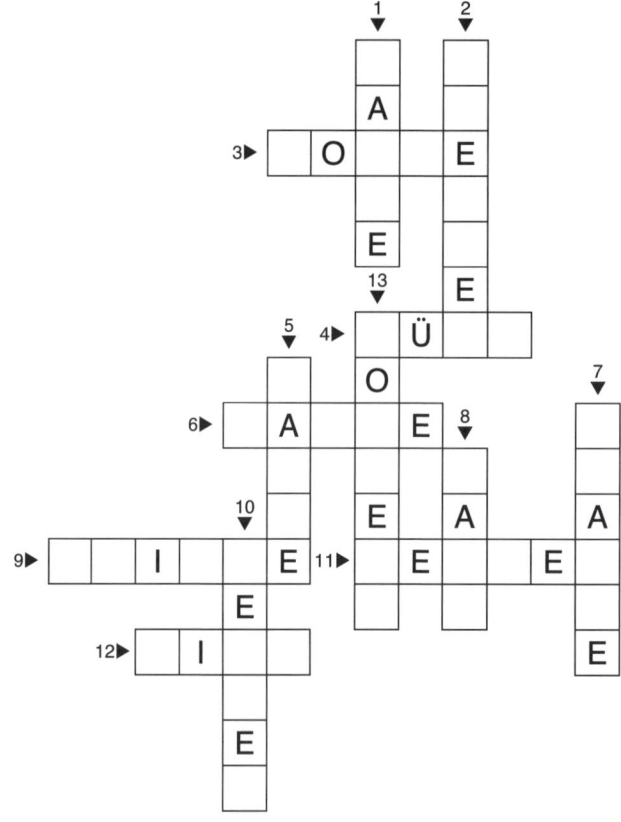

2. Ordne die Wörter nach dem Abc und schreibe sie auf die Linien.

_____

_____

_____

3. Ordne die Wörter nach Wortarten.

   Namenwörter: _____

   Tunwörter: _____

   Wiewörter: _____

   restliche Wörter: _____

4. Vergleiche mit der Lösung. Verbessere.

5. Erfinde einen Quatschsatz oder einen Quatschtext mit vielen nn-Wörtern.

4. Doppelter Mitlaut nn – Lösung

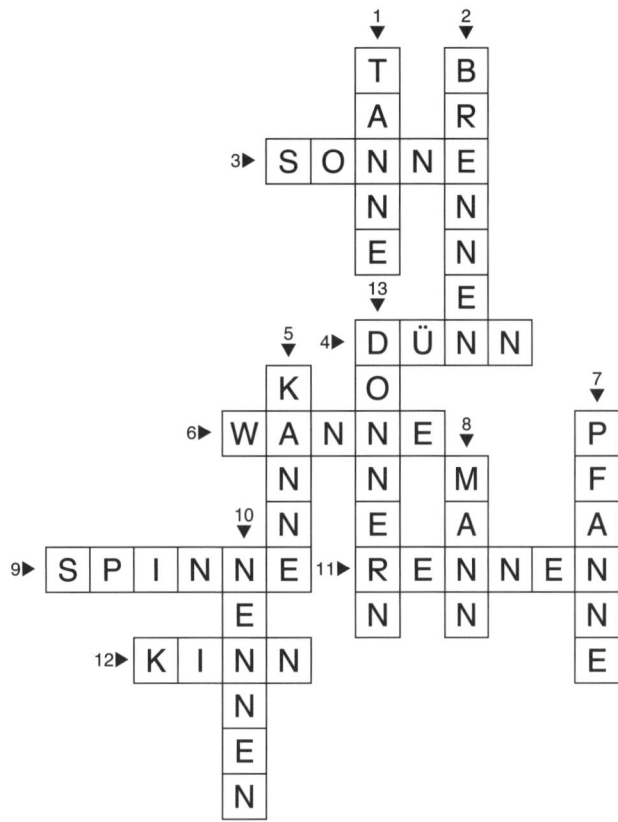

2. Ordne die Wörter nach dem Abc und schreibe sie auf die Linien.

   brennen, donnern, dünn, Kanne, Kinn, Mann, nennen, Pfanne, rennen, Sonne,

   Spinne, Tanne, Wanne

3. Ordne die Wörter nach Wortarten.

   Namenwörter: Kanne, Kinn, Mann, Pfanne, Sonne, Spinne, Tanne, Wanne

   Tunwörter: brennen, donnern, nennen, rennen

   Wiewörter: dünn

   restliche Wörter: –

4. Doppelter Mitlaut nn

 Nach kurzem Selbstlaut oder Umlaut folgt meist ein doppelter Mitlaut: nn.

1. a) Kreise alle nn ein.   b) Schreibe mit Bleistift die nn-Wörter in die Kästchen.

**Tanne   Mann   Pfanne   brennen   Sonne   nennen   Kinn   dünn   Kanne
Spinne   rennen   donnern   Wanne**

2. Ordne die Wörter nach dem Abc und schreibe sie auf die Linien.

_____

_____

_____

3. Ordne die Wörter nach Wortarten.

   Namenwörter: _____

   Tunwörter: _____

   Wiewörter: _____

   restliche Wörter: _____

4. Vergleiche mit der Lösung. Verbessere.

5. Erfinde einen Quatschsatz oder einen Quatschtext mit vielen nn-Wörtern.

4. Doppelter Mitlaut nn – Lösung

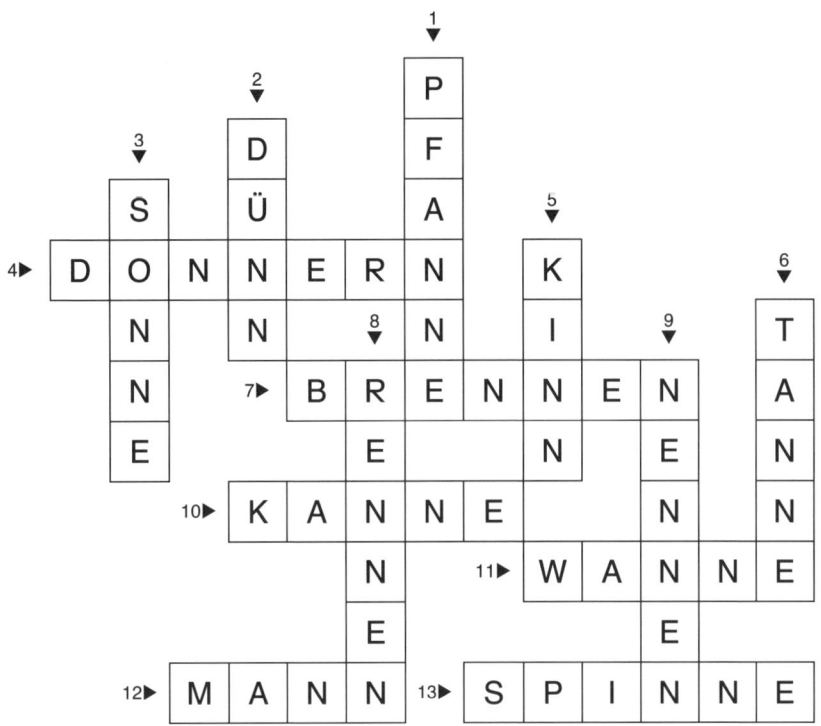

2. Ordne die Wörter nach dem Abc und schreibe sie auf die Linien.

   brennen, donnern, dünn, Kanne, Kinn, Mann, nennen, Pfanne, rennen, Sonne,

   Spinne, Tanne, Wanne

3. Ordne die Wörter nach Wortarten.

Namenwörter:	Kanne, Kinn, Mann, Pfanne, Sonne, Spinne, Tanne, Wanne
Tunwörter:	brennen, donnern, nennen, rennen
Wiewörter:	dünn
restliche Wörter:	–

5. Doppelter Mitlaut pp

 Nach kurzem Selbstlaut oder Umlaut folgt meist ein doppelter Mitlaut: pp.

1. a) Kreise alle pp ein.   b) Schreibe mit Bleistift die pp-Wörter in die Kästchen.

Suppe   kippen   stoppen   Teppich   schlapp   klappern   Lappen   schnappen   schleppen   Treppe   Puppe   klappen   verdoppeln   Lippe

2. Ordne die Wörter nach dem Abc und schreibe sie auf die Linien.

_____

_____

_____

3. Ordne die Wörter nach Wortarten.

   Namenwörter: _____

   Tunwörter: _____

   Wiewörter: _____

   restliche Wörter: _____

4. Vergleiche mit der Lösung. Verbessere.

5. Erfinde einen Quatschsatz oder einen Quatschtext mit vielen pp-Wörtern.

4. Doppelter Mitlaut pp – Lösung

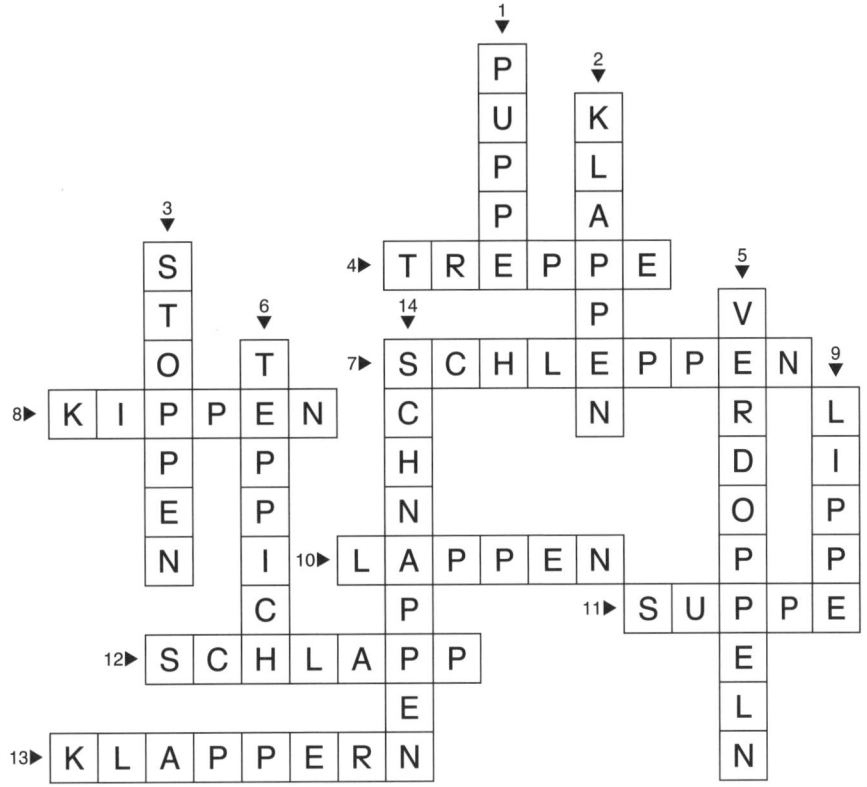

2. Ordne die Wörter nach dem Abc und schreibe sie auf die Linien.

   kippen, klappen, klappern, Lappen, Lippe, Puppe, schlapp, schleppen, schnappen,

   stoppen, Suppe, Teppich, Treppe, verdoppeln

3. Ordne die Wörter nach Wortarten.

   Namenwörter: Lappen, Lippe, Puppe, Suppe, Teppich, Treppe

   Tunwörter: kippen, klappen, klappern, schleppen, schnappen, stoppen, verdoppeln

   Wiewörter: schlapp

   restliche Wörter: —

5. Doppelter Mitlaut pp

 Nach kurzem Selbstlaut oder Umlaut folgt meist ein doppelter Mitlaut: pp.

1. a) Kreise alle pp ein.   b) Schreibe mit Bleistift die pp-Wörter in die Kästchen.

   **Suppe   kippen   stoppen   Teppich   schlapp   klappern   Lappen   schnappen
   schleppen   Treppe   Puppe   klappen   verdoppeln   Lippe**

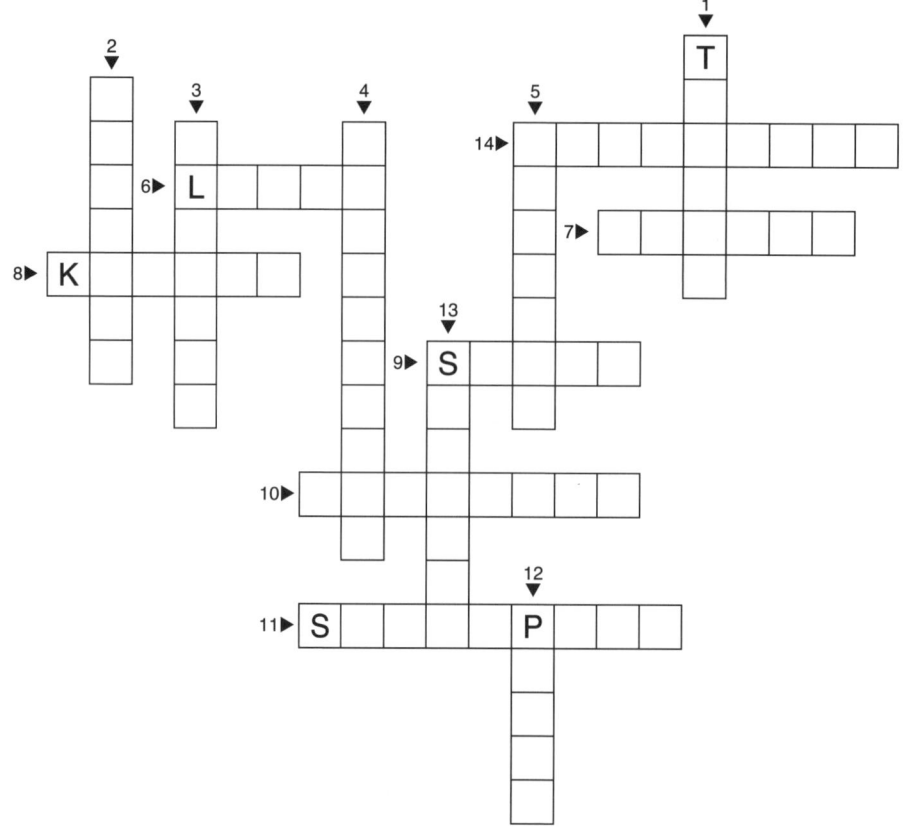

2. Ordne die Wörter nach dem Abc und schreibe sie auf die Linien.

3. Ordne die Wörter nach Wortarten.

   Namenwörter: _____

   Tunwörter: _____

   Wiewörter: _____

   restliche Wörter: _____

4. Vergleiche mit der Lösung. Verbessere.

5. Erfinde einen Quatschsatz oder einen Quatschtext mit vielen pp-Wörtern.

5. Doppelter Mitlaut pp – Lösung

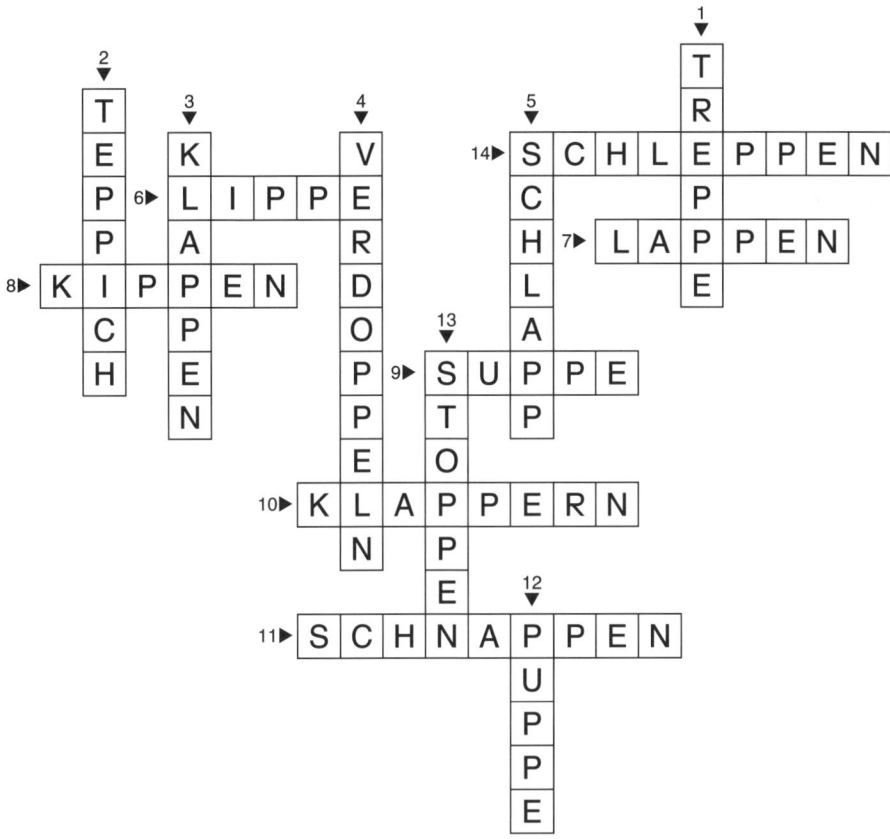

2. Ordne die Wörter nach dem Abc und schreibe sie auf die Linien.

   kippen, klappen, klappern, Lappen, Lippe, Puppe, schlapp, schleppen, schnappen, stoppen, Suppe, Teppich, Treppe, verdoppeln

3. Ordne die Wörter nach Wortarten.

   Namenwörter: Lappen, Lippe, Puppe, Suppe, Teppich, Treppe

   Tunwörter: kippen, klappen, klappern, schleppen, schnappen, stoppen, verdoppeln

   Wiewörter: schlapp

   restliche Wörter: –

6. Doppelter Mitlaut ss

 Nach kurzem Selbstlaut oder Umlaut folgt meist ein doppelter Mitlaut: ss.

1. a) Kreise alle ss ein.   b) Schreibe mit Bleistift die ss-Wörter in die Kästchen.

   **Kissen   Messer   Interesse   fressen   wissen   küssen   Schlüssel   Tasse
   passen   essen   Wasser   besser   Klasse   messen**

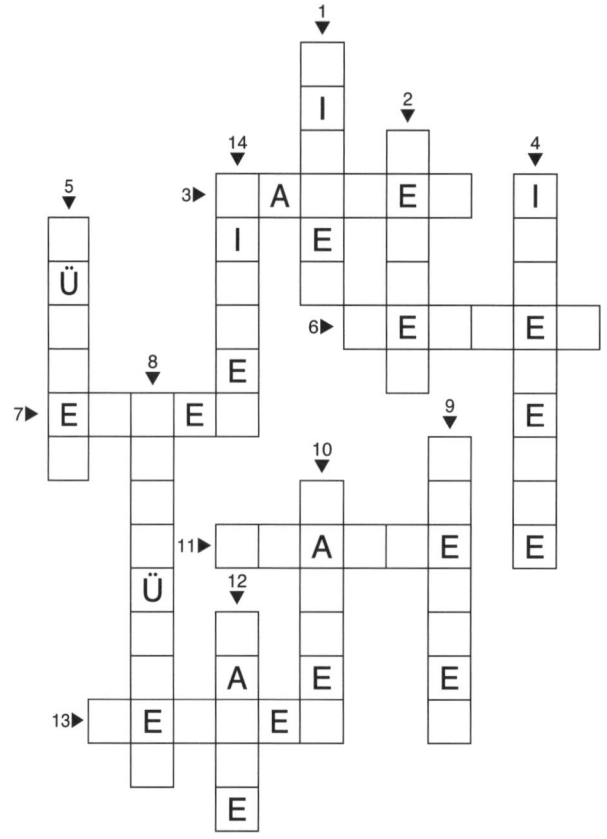

2. Ordne die Wörter nach dem Abc und schreibe sie auf die Linien.

   _____
   _____
   _____

3. Ordne die Wörter nach Wortarten.

   Namenwörter: _____

   Tunwörter: _____

   Wiewörter: _____

   restliche Wörter: _____

4. Vergleiche mit der Lösung. Verbessere.

5. Erfinde einen Quatschsatz oder einen Quatschtext mit vielen ss-Wörtern.

6. Doppelter Mitlaut ss – Lösung

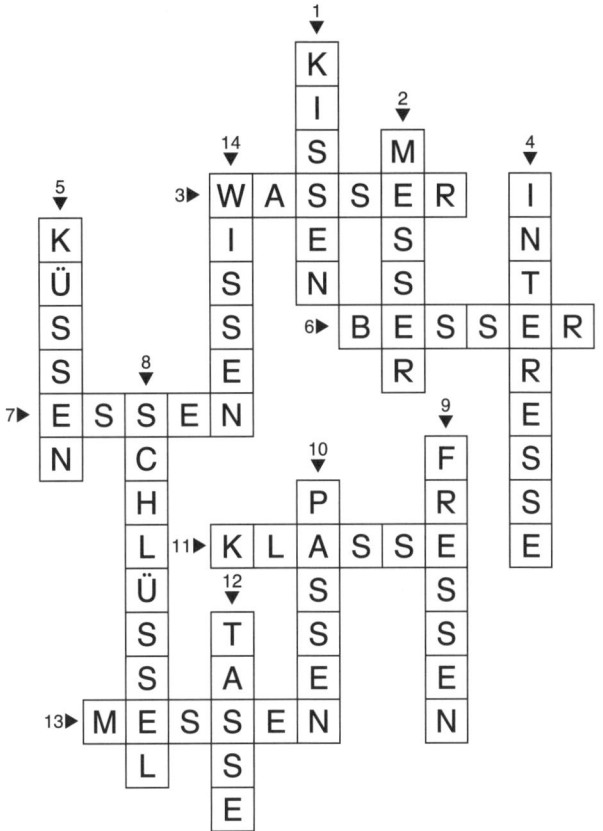

2. Ordne die Wörter nach dem Abc und schreibe sie auf die Linien.

   besser, essen, fressen, Interesse, Kissen, Klasse, küssen, messen, Messer, passen,

   Schlüssel, Tasse, Wasser, wissen

3. Ordne die Wörter nach Wortarten.

   Namenwörter: Interesse, Kissen, Klasse, Messer, Schlüssel, Tasse, Wasser

   Tunwörter: essen, fressen, küssen, messen, passen, wissen

   Wiewörter: besser

   restliche Wörter: –

6. Doppelter Mitlaut ss

 Nach kurzem Selbstlaut oder Umlaut folgt meist ein doppelter Mitlaut: ss.

1. a) Kreise alle ss ein.   b) Schreibe mit Bleistift die ss-Wörter in die Kästchen.

**Kissen   Messer   Interesse   fressen   wissen   küssen   Schlüssel   Tasse
passen   essen   Wasser   besser   Klasse   messen**

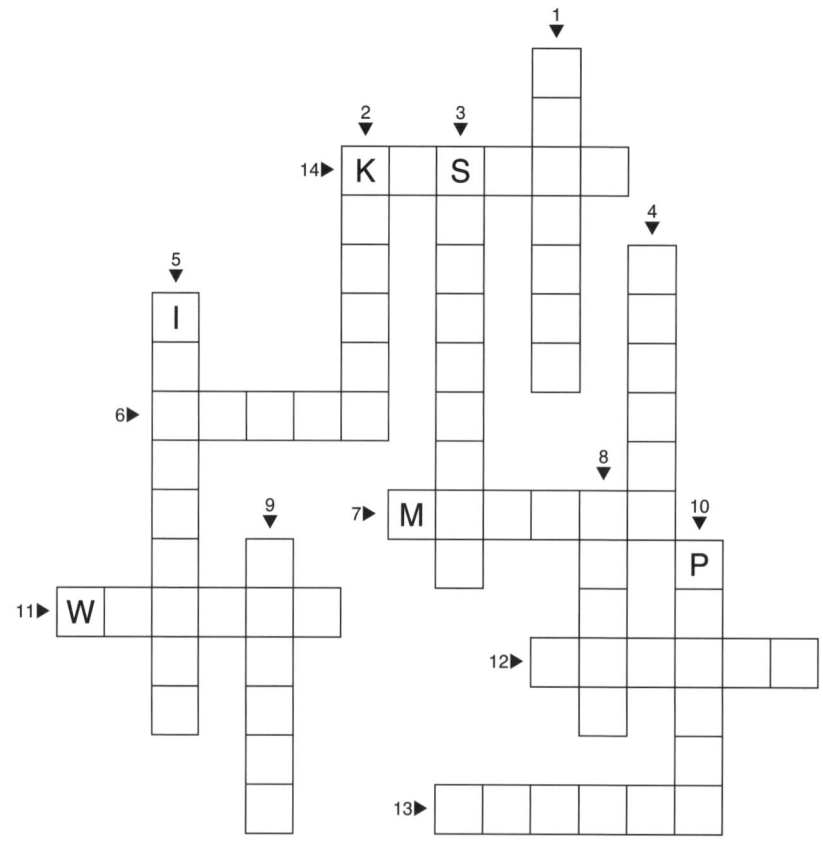

2. Ordne die Wörter nach dem Abc und schreibe sie auf die Linien.

_____

_____

_____

3. Ordne die Wörter nach Wortarten.

   Namenwörter: _____

   Tunwörter: _____

   Wiewörter: _____

   restliche Wörter: _____

4. Vergleiche mit der Lösung. Verbessere.

5. Erfinde einen Quatschsatz oder einen Quatschtext mit vielen ss-Wörtern.

6. Doppelter Mitlaut ss – Lösung

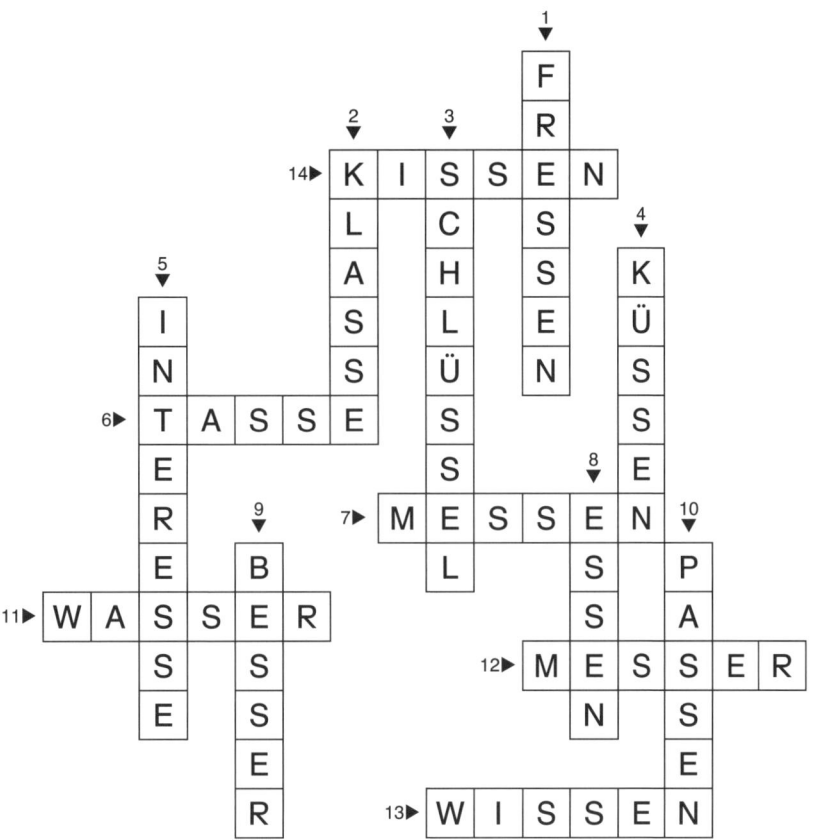

2. Ordne die Wörter nach dem Abc und schreibe sie auf die Linien.

   besser, essen, fressen, Interesse, Kissen, Klasse, küssen, messen, Messer, passen,

   Schlüssel, Tasse, Wasser, wissen

3. Ordne die Wörter nach Wortarten.

   Namenwörter: Interesse, Kissen, Klasse, Messer, Schlüssel, Tasse, Wasser

   Tunwörter: essen, fressen, küssen, messen, passen, wissen

   Wiewörter: besser

   restliche Wörter: –

7. Doppelter Mitlaut tt

 Nach kurzem Selbstlaut oder Umlaut folgt meist ein doppelter Mitlaut: tt.

1. a) Kreise alle tt ein.   b) Schreibe mit Bleistift die tt-Wörter in die Kästchen.

**Butter   fett   Zettel   Wetter   wetten   schütteln   Schritt   Bett   bitter
Schmetterling   Futter   Schlitten   satt   retten**

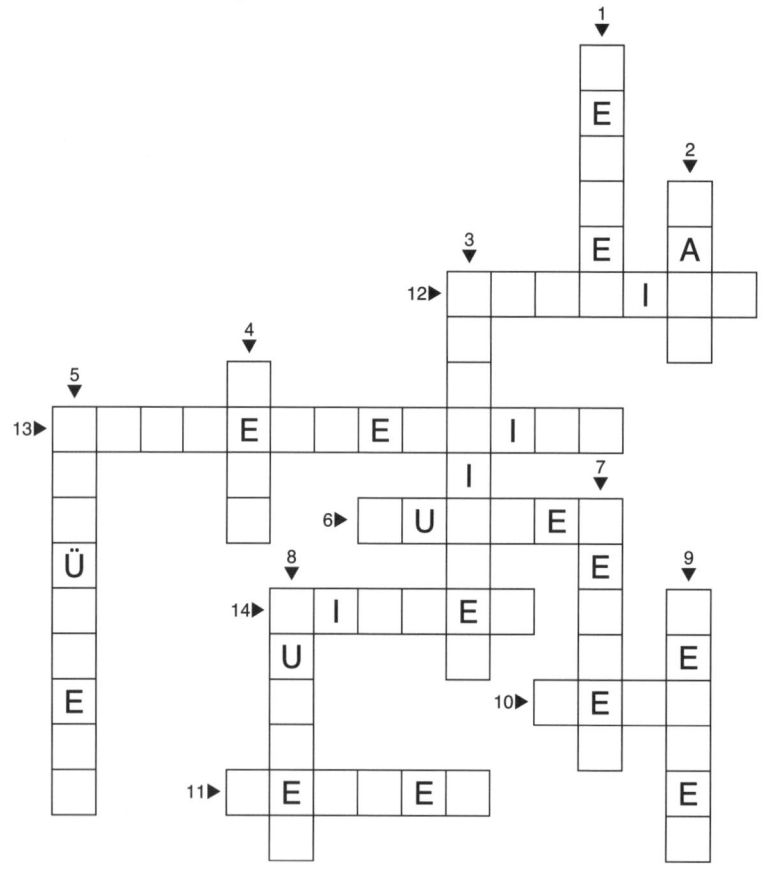

2. Ordne die Wörter nach dem Abc und schreibe sie auf die Linien.

_____

_____

_____

3. Ordne die Wörter nach Wortarten.

   Namenwörter: _____

   Tunwörter: _____

   Wiewörter: _____

   restliche Wörter: _____

4. Vergleiche mit der Lösung. Verbessere.

5. Erfinde einen Quatschsatz oder einen Quatschtext mit vielen tt-Wörtern.

7. Doppelter Mitlaut tt – Lösung

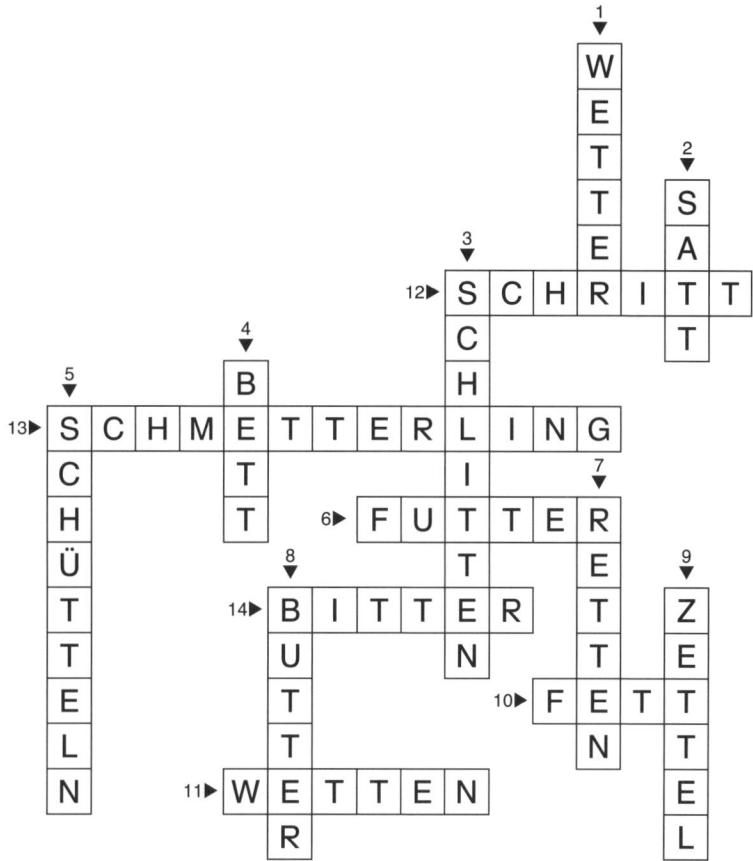

2. Ordne die Wörter nach dem Abc und schreibe sie auf die Linien.

   Bett, bitter, Butter, fett, Futter, retten, satt, Schlitten, Schmetterling, Schritt, schütteln,

   wetten, Wetter, Zettel

3. Ordne die Wörter nach Wortarten.

   Namenwörter: Bett, Butter, Futter, Schlitten, Schmetterling, Schritt, Wetter, Zettel

   Tunwörter: retten, schütteln, wetten

   Wiewörter: bitter, fett, satt

   restliche Wörter: –

7. Doppelter Mitlaut tt

 Nach kurzem Selbstlaut oder Umlaut folgt meist ein doppelter Mitlaut: tt.

1. a) Kreise alle tt ein.   b) Schreibe mit Bleistift die tt-Wörter in die Kästchen.

**Butter   fett   Zettel   Wetter   wetten   schütteln   Schritt   Bett   bitter
Schmetterling   Futter   Schlitten   satt   retten**

2. Ordne die Wörter nach dem Abc und schreibe sie auf die Linien.

_____

_____

_____

3. Ordne die Wörter nach Wortarten.

Namenwörter: _____

Tunwörter: _____

Wiewörter: _____

restliche Wörter: _____

4. Vergleiche mit der Lösung. Verbessere.

5. Erfinde einen Quatschsatz oder einen Quatschtext mit vielen tt-Wörtern.

7. Doppelter Mitlaut tt – Lösung

2. Ordne die Wörter nach dem Abc und schreibe sie auf die Linien.

   Bett, bitter, Butter, fett, Futter, retten, satt, Schlitten, Schmetterling, Schritt, schütteln, wetten, Wetter, Zettel

3. Ordne die Wörter nach Wortarten.

   Namenwörter: Bett, Butter, Futter, Schlitten, Schmetterling, Schritt, Wetter, Zettel

   Tunwörter: retten, schütteln, wetten

   Wiewörter: bitter, fett, satt

   restliche Wörter: –

8. Wörter mit ck

 Nach kurzem Selbstlaut oder Umlaut folgt kein kk, sondern ein ck (Fremdwörter sind die Ausnahme: Akku, Sakko ...).

1. a) Kreise alle ck ein.   b) Schreibe mit Bleistift die ck-Wörter in die Kästchen.

**Zucker   Backe   zurück   Brücke   Dackel   Wecker   Acker   backen
blicken   wackeln   Trick   Decke   dick   Stück**

2. Ordne die Wörter nach dem Abc und schreibe sie auf die Linien.

_____

_____

_____

3. Ordne die Wörter nach Wortarten.

   Namenwörter: _____

   Tunwörter: _____

   Wiewörter: _____

   restliche Wörter: _____

4. Vergleiche mit der Lösung. Verbessere.

5. Erfinde einen Quatschsatz oder einen Quatschtext mit vielen ck-Wörtern.

8. Wörter mit ck – Lösung

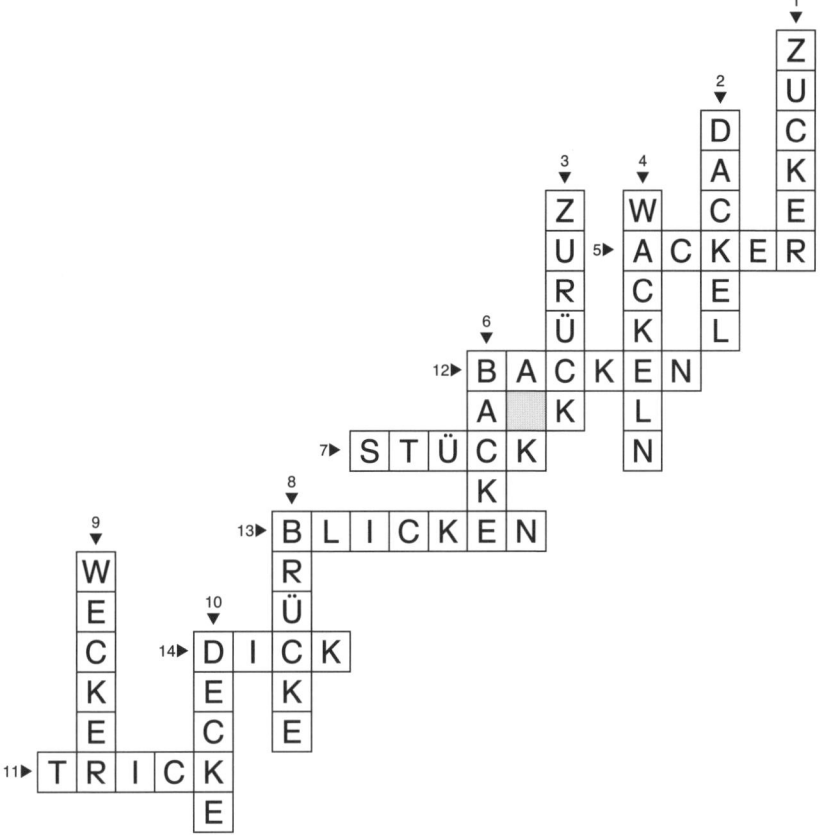

2. Ordne die Wörter nach dem Abc und schreibe sie auf die Linien.

   Acker, Backe, backen, blicken, Brücke, Dackel, Decke, dick, Stück, Trick, wackeln,

   Wecker, Zucker, zurück

3. Ordne die Wörter nach Wortarten.

   Namenwörter: Acker, Backe, Brücke, Dackel, Decke, Stück, Trick, Wecker, Zucker

   Tunwörter: backen, blicken, wackeln

   Wiewörter: dick

   restliche Wörter: zurück

8. Wörter mit ck

 Nach kurzem Selbstlaut oder Umlaut folgt kein kk, sondern ein ck (Fremdwörter sind die Ausnahme: Akku, Sakko ...).

1. a) Kreise alle ck ein. b) Schreibe mit Bleistift die ck-Wörter in die Kästchen.

**Zucker   Backe   zurück   Brücke   Dackel   Wecker   Acker   backen
blicken   wackeln   Trick   Decke   dick   Stück**

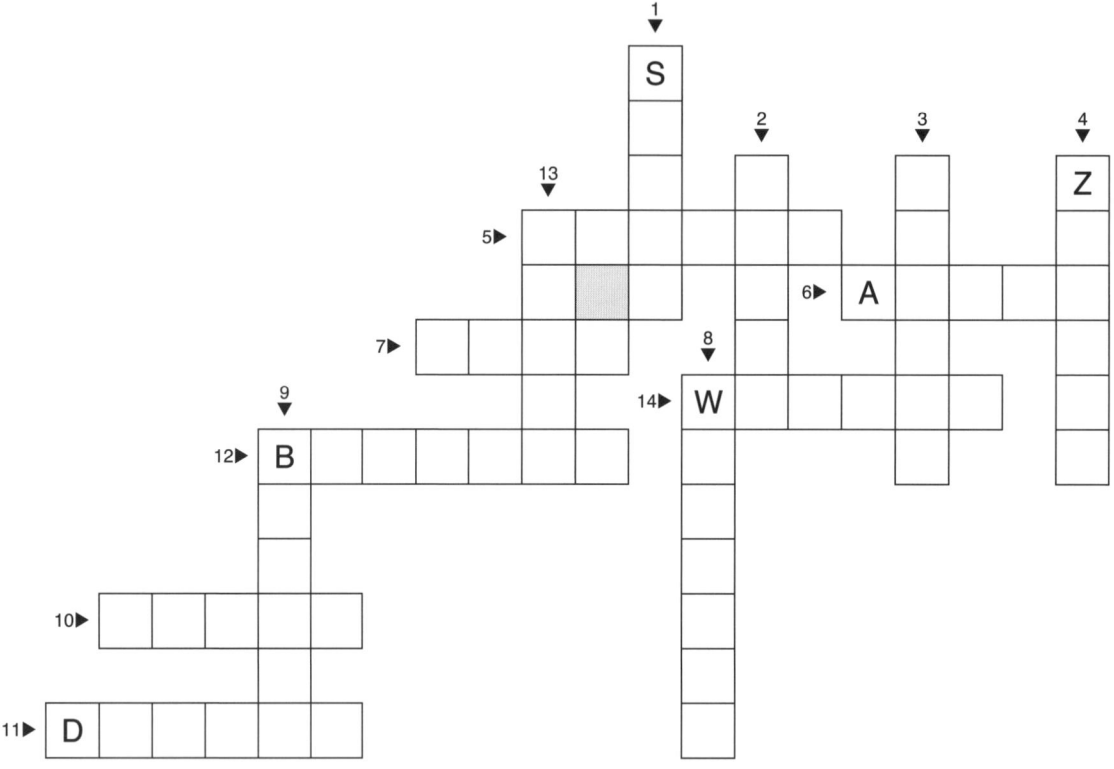

2. Ordne die Wörter nach dem Abc und schreibe sie auf die Linien.

_____

_____

_____

3. Ordne die Wörter nach Wortarten.

Namenwörter: _____

Tunwörter: _____

Wiewörter: _____

restliche Wörter: _____

4. Vergleiche mit der Lösung. Verbessere.

5. Erfinde einen Quatschsatz oder einen Quatschtext mit vielen ck-Wörtern.

8. Wörter mit ck – Lösung

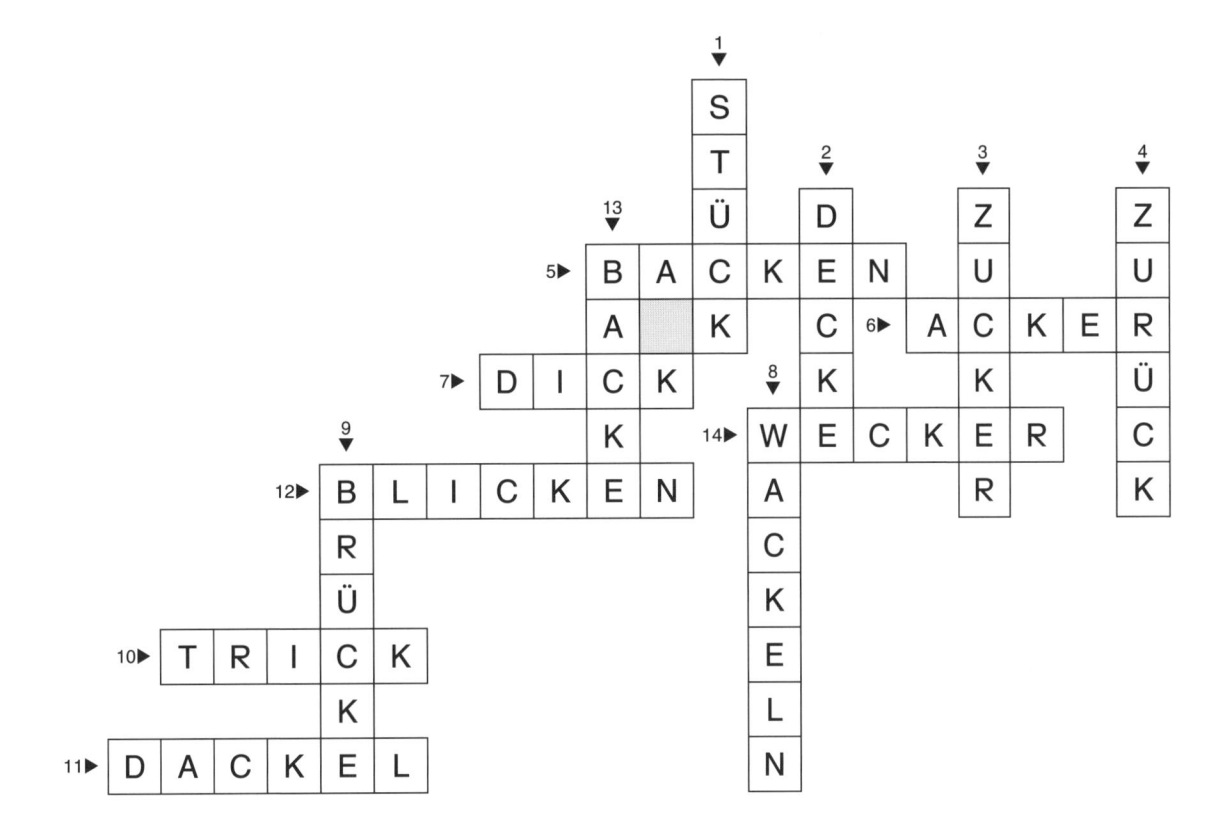

```
                    1↓
                    S
                    T         2↓      3↓       4↓
              13↓   Ü         D       Z        Z
          5▶ B  A   C   K  E  N       U        U
                A           K    C  6▶A  C  K  E  R
          7▶ D  I   C   K      8↓K       K        Ü
              9↓    K         W  E  C  K  E  R    C
         12▶B  L   I   C   K  E  N    R           K
             R                A
             Ü                C
        10▶T  R   I   C   K    K
             K                E
        11▶D  A   C   K  E  L  L
                              N
```

2. Ordne die Wörter nach dem Abc und schreibe sie auf die Linien.

   Acker, Backe, backen, blicken, Brücke, Dackel, Decke, dick, Stück, Trick, wackeln,

   Wecker, Zucker, zurück

3. Ordne die Wörter nach Wortarten.

   Namenwörter: Acker, Backe, Brücke, Dackel, Decke, Stück, Trick, Wecker, Zucker

   Tunwörter: backen, blicken, wackeln

   Wiewörter: dick

   restliche Wörter: zurück

9. Wörter mit tz

> **Nach kurzem Selbstlaut oder Umlaut folgt kein zz, sondern ein tz (Fremdwörter sind die Ausnahme: Pizza, Mozzarella ...).**

1. a) Kreise alle tz ein.   b) Schreibe mit Bleistift die tz-Wörter in die Kästchen.

   **Witz   kitzeln   spritzen   benutzen   verletzen   Blitz   Spitze   trotzdem
   Hitze   jetzt   Katze   sitzen   schwitzen   Spritze**

2. Ordne die Wörter nach dem Abc und schreibe sie auf die Linien.

   _____

   _____

   _____

3. Ordne die Wörter nach Wortarten.

   Namenwörter: _____

   Tunwörter: _____

   Wiewörter: _____

   restliche Wörter: _____

4. Vergleiche mit der Lösung. Verbessere.

5. Erfinde einen Quatschsatz oder einen Quatschtext mit vielen tz-Wörtern.

9. Wörter mit tz – Lösung

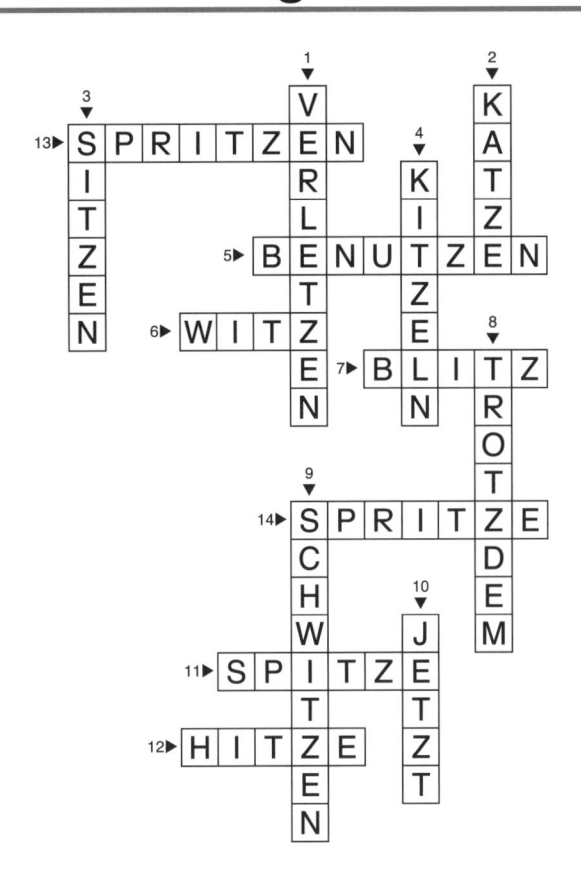

Crossword solution:
- 13→ SPRITZEN
- 3↓ SITZEN
- 1↓ VERLETZEN
- 2↓ KATZE
- 4↓ KITZELN
- 5→ BENUTZEN
- 6→ WITZEN
- 7→ BLITZ
- 8↓ TROTZDEM
- 14→ SPRITZE
- 9↓ SCHWITZEN
- 10↓ JETZT
- 11→ SPITZEN
- 12→ HITZE

2. Ordne die Wörter nach dem Abc und schreibe sie auf die Linien.

   benutzen, Blitz, Hitze, jetzt, Katze, kitzeln, schwitzen, sitzen, Spitze, Spritze, spritzen, trotzdem, verletzen, Witz

3. Ordne die Wörter nach Wortarten.

   Namenwörter: Blitz, Hitze, Katze, Spitze, Spritze, Witz

   Tunwörter: benutzen, kitzeln, schwitzen, sitzen, spritzen, verletzen

   Wiewörter: —

   restliche Wörter: jetzt, trotzdem

9. Wörter mit tz

Nach kurzem Selbstlaut oder Umlaut folgt kein zz, sondern ein tz (Fremdwörter sind die Ausnahme: Pizza, Mozzarella ...).

1. a) Kreise alle tz ein.   b) Schreibe mit Bleistift die tz-Wörter in die Kästchen.

Witz   kitzeln   spritzen   benutzen   verletzen   Blitz   Spitze   trotzdem
Hitze   jetzt   Katze   sitzen   schwitzen   Spritze

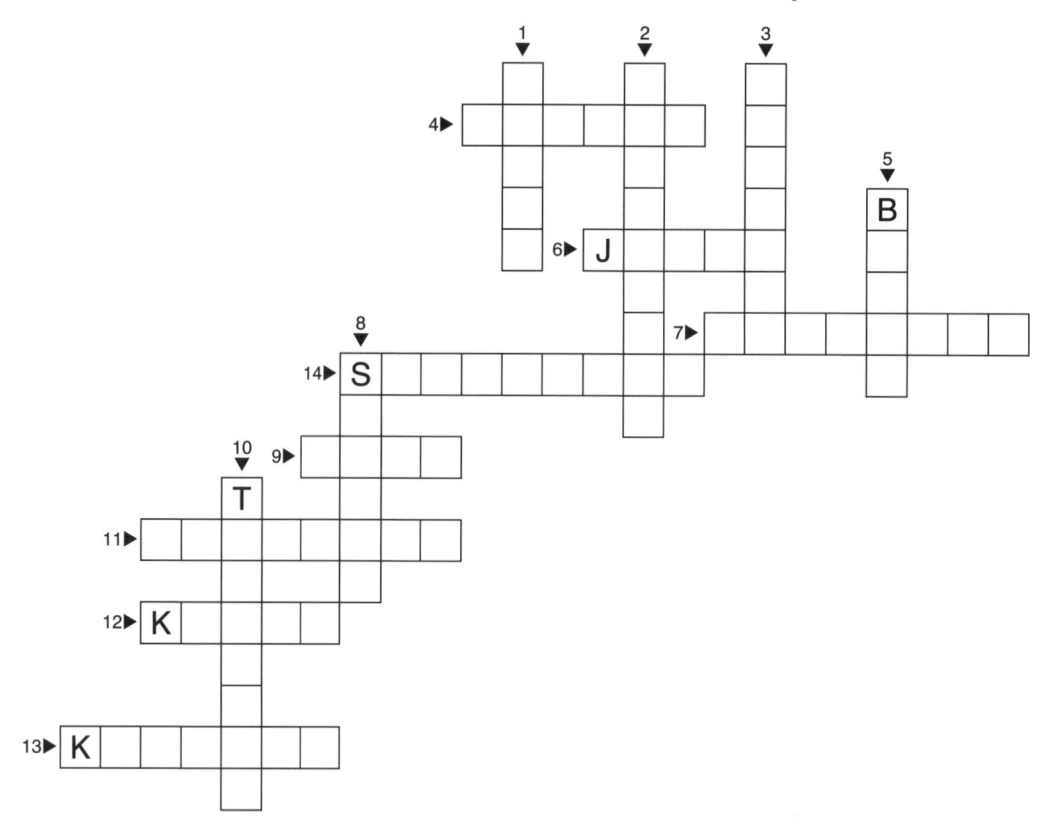

2. Ordne die Wörter nach dem Abc und schreibe sie auf die Linien.

_____

_____

_____

3. Ordne die Wörter nach Wortarten.

Namenwörter: _____

Tunwörter: _____

Wiewörter: _____

restliche Wörter: _____

4. Vergleiche mit der Lösung. Verbessere.

5. Erfinde einen Quatschsatz oder einen Quatschtext mit vielen tz-Wörtern.

9. Wörter mit tz – Lösung

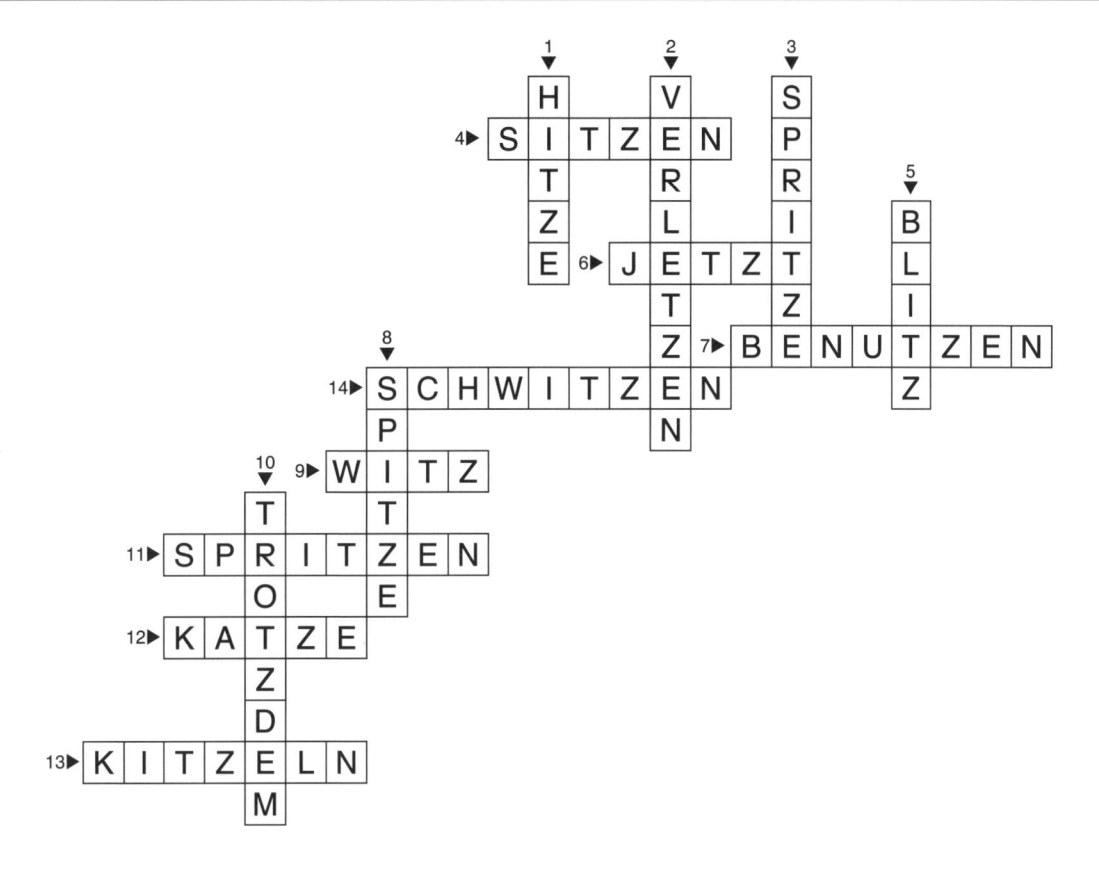

```
                    1   2   3
                    ↓   ↓   ↓
                    H   V   S
              4▶ S I T Z E N  P
                    T   R   R
                    Z   L   I       5
                    E 6▶J E T Z     ↓
                            T       B
                            Z 7▶B E N U T Z E N
              8▶                L
              ↓                 I
         14▶ S C H W I T Z E N  Z
              P         N
        10  9▶W I T Z
         ↓    T
         T    T
     11▶ S P R I T Z E N
         O    E
     12▶ K A T Z E
         Z
         D
     13▶ K I T Z E L N
         M
```

2. Ordne die Wörter nach dem Abc und schreibe sie auf die Linien.

   benutzen, Blitz, Hitze, jetzt, Katze, kitzeln, schwitzen, sitzen, Spitze, Spritze, spritzen,

   trotzdem, verletzen, Witz

3. Ordne die Wörter nach Wortarten.

   Namenwörter: Blitz, Hitze, Katze, Spitze, Spritze, Witz

   Tunwörter: benutzen, kitzeln, schwitzen, sitzen, spritzen, verletzen

   Wiewörter: –

   restliche Wörter: jetzt, trotzdem

10. Auslautverhärtung -d

> Manche Wörter schreibst du am Ende mit -d, obwohl du ein -t hörst.
> Verlängere das Wort und du weißt die Endung sofort: -d.

1. a) Kreise alle -d ein.   b) Schreibe mit Bleistift die -d-Wörter in die Kästchen.

**Kleid   Bild   blind   Geld   Hand   blöd   Kind   Mund   rund
Bad   Gold   Schild   Land   Wand**

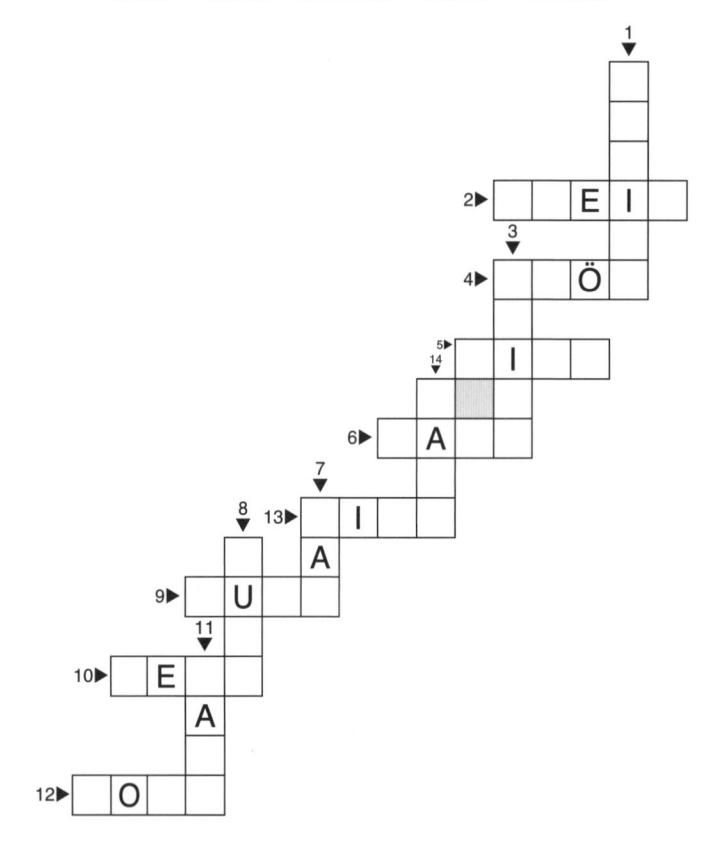

2. Ordne die Wörter nach dem Abc und schreibe sie auf die Linien.

_____

_____

_____

3. Ordne die Wörter nach Wortarten.

   Namenwörter: _____

   Tunwörter: _____

   Wiewörter: _____

   restliche Wörter: _____

4. Vergleiche mit der Lösung. Verbessere.

5. Erfinde einen Quatschsatz oder einen Quatschtext mit vielen Wörtern, die mit -d enden.

10. Auslautverhärtung -d – Lösung

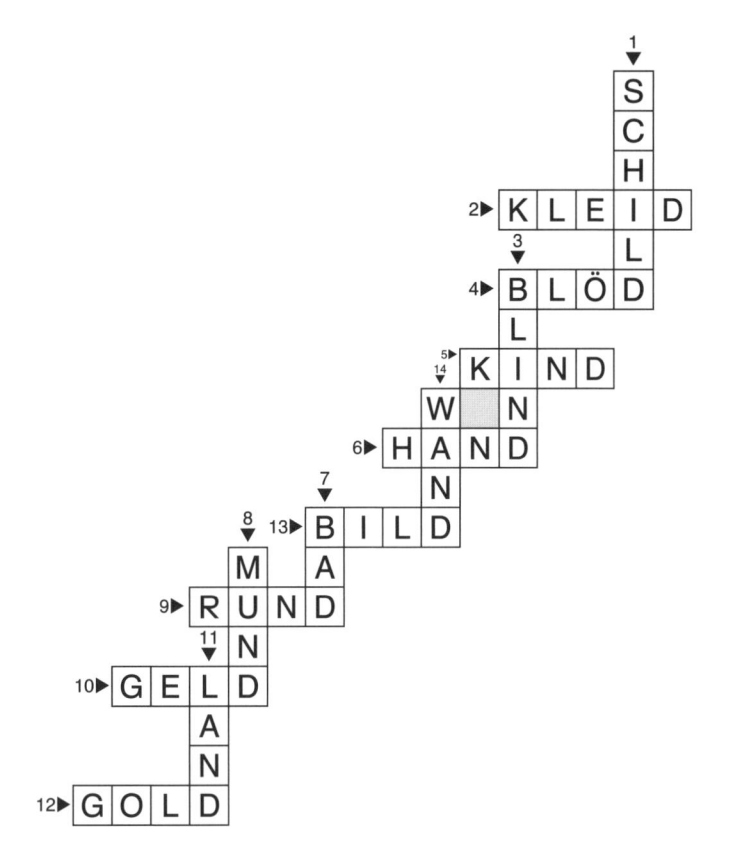

```
            1↓
            S
            C
            H
        2►K L E I D
          3↓ L
        4►B L Ö D
            L
          5►K I N D
        14↓ N
          W N
        6►H A N D
          7↓ N
        8↓ 13►B I L D
          M   A
        9►R U N D
        11↓ N
       10►G E L D
          A
          N
      12►G O L D
```

2. Ordne die Wörter nach dem Abc und schreibe sie auf die Linien.

Bad, Bild, blind, blöd, Geld, Gold, Hand, Kind, Kleid, Land, Mund, rund, Schild, Wand

3. Ordne die Wörter nach Wortarten.

Namenwörter: Bad, Bild, Geld, Gold, Hand, Kind, Kleid, Land, Mund, Schild, Wand

Tunwörter: –

Wiewörter: blind, blöd, rund

restliche Wörter: –

10. Auslautverhärtung -d

> Manche Wörter schreibst du am Ende mit -d, obwohl du ein -t hörst.
> Verlängere das Wort und du weißt die Endung sofort: -d.

1. a) Kreise alle -d ein. b) Schreibe mit Bleistift die -d-Wörter in die Kästchen.

   **Kleid   Bild   blind   Geld   Hand   blöd   Kind   Mund   rund
   Bad   Gold   Schild   Land   Wand**

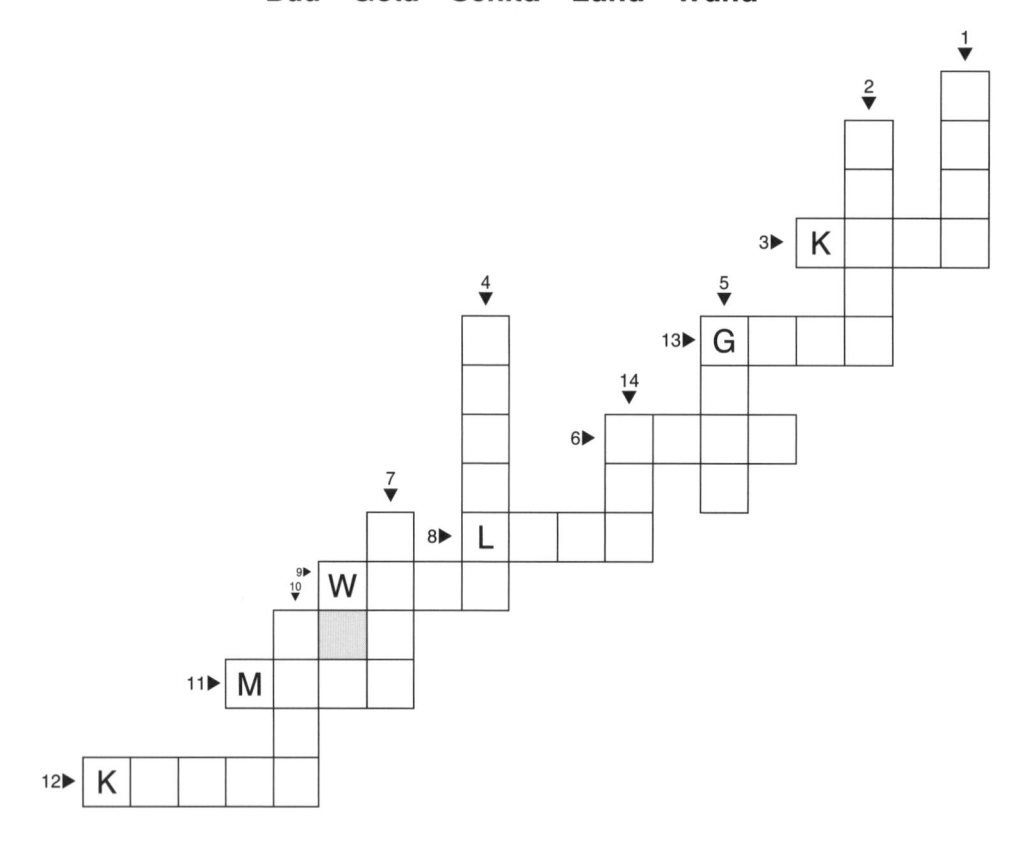

2. Ordne die Wörter nach dem Abc und schreibe sie auf die Linien.

   _____

   _____

   _____

3. Ordne die Wörter nach Wortarten.

   Namenwörter: _____

   Tunwörter: _____

   Wiewörter: _____

   restliche Wörter: _____

4. Vergleiche mit der Lösung. Verbessere.

5. Erfinde einen Quatschsatz oder einen Quatschtext mit vielen Wörtern, die mit -d enden.

10. Auslautverhärtung -d – Lösung

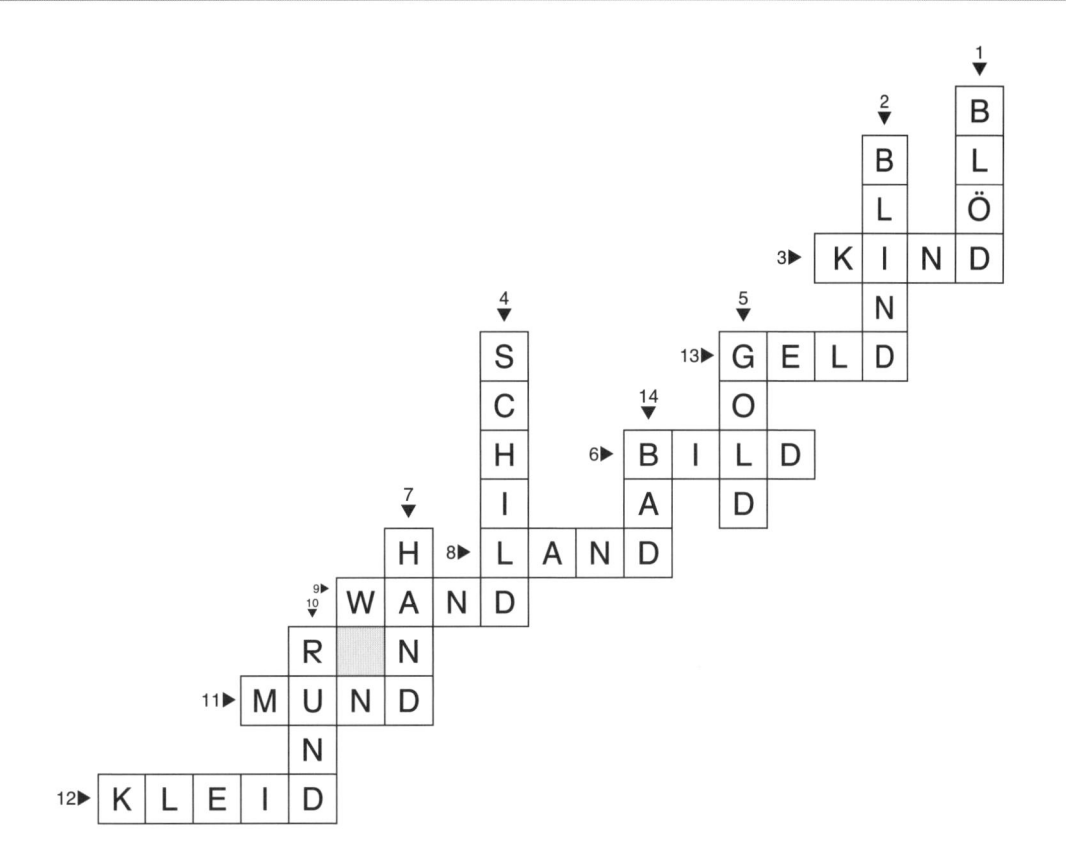

```
                                          1↓
                                      2↓  B
                                      B   L
                                      L   Ö
                                  3► K I N D
                                          N
                 4↓              5↓
                 S           13► G E L D
                 C           14↓
                 H        6► B I L D
              7↓ I           A
              H  8► L A N D
           9►
           10↓ W A N D
           R
       11► M U N D
           N
    12► K L E I D
```

2. Ordne die Wörter nach dem Abc und schreibe sie auf die Linien.

   Bad, Bild, blind, blöd, Geld, Gold, Hand, Kind, Kleid, Land, Mund, rund, Schild, Wand

3. Ordne die Wörter nach Wortarten.

   Namenwörter: Bad, Bild, Geld, Gold, Hand, Kind, Kleid, Land, Mund, Schild, Wand

   Tunwörter: –

   Wiewörter: blind, blöd, rund

   restliche Wörter: –

11. Auslautverhärtung -g

Manche Wörter schreibst du am Ende mit -g, obwohl du ein -k hörst. Verlängere das Wort und du weißt die Endung sofort: -g.

1. a) Kreise alle -g ein.   b) Schreibe mit Bleistift die -g-Wörter in die Kästchen.

**Tag   billig   Krieg   Mittag   Pflug   Weg   wichtig   jung
Berg   Flug   genug**

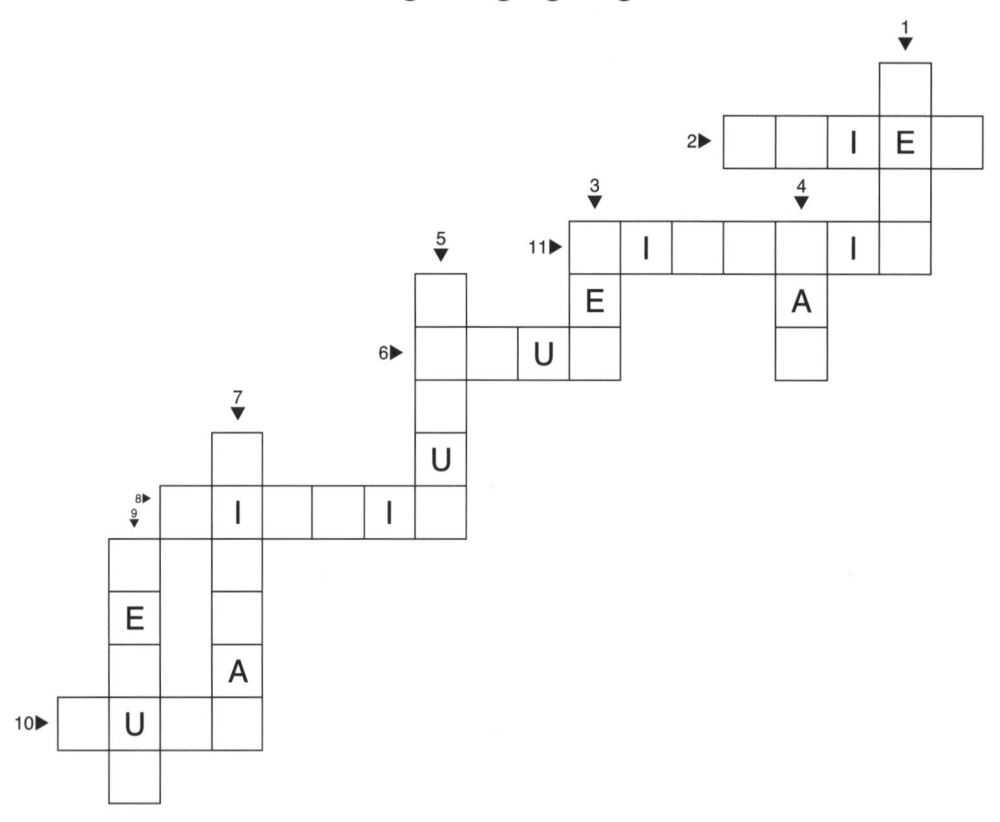

2. Ordne die Wörter nach dem Abc und schreibe sie auf die Linien.

_____

_____

_____

3. Ordne die Wörter nach Wortarten.

   Namenwörter: _____

   Tunwörter: _____

   Wiewörter: _____

   restliche Wörter: _____

4. Vergleiche mit der Lösung. Verbessere.

5. Erfinde einen Quatschsatz oder einen Quatschtext mit vielen Wörtern, die mit -g enden.

46

11. Auslautverhärtung -g – Lösung

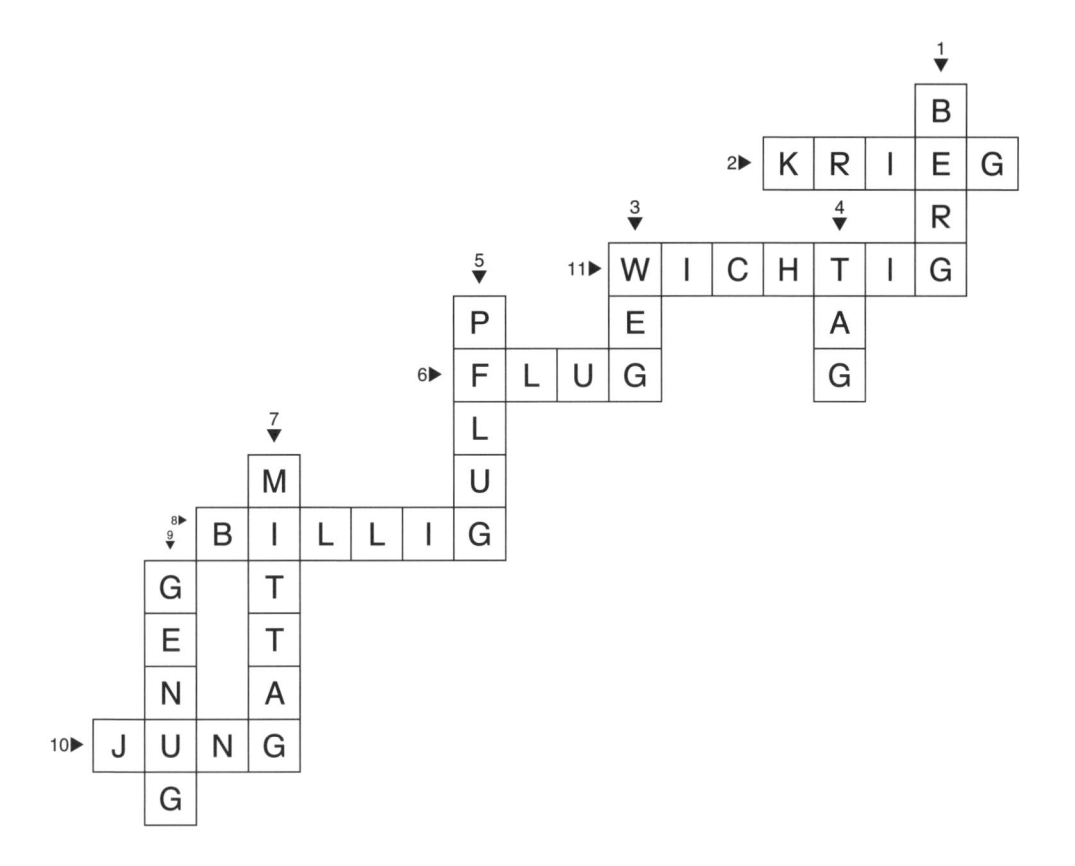

2. Ordne die Wörter nach dem Abc und schreibe sie auf die Linien.

   Berg, billig, Flug, genug, jung, Krieg, Mittag, Pflug, Tag, Weg, wichtig

3. Ordne die Wörter nach Wortarten.

   Namenwörter: Berg, Flug, Krieg, Mittag, Pflug, Tag, Weg

   Tunwörter: –

   Wiewörter: billig, jung, wichtig

   restliche Wörter: genug

11. Auslautverhärtung -g

Manche Wörter schreibst du am Ende mit -g, obwohl du ein -k hörst. Verlängere das Wort und du weißt die Endung sofort: -g.

1. a) Kreise alle -g ein.   b) Schreibe mit Bleistift die -g-Wörter in die Kästchen.

**Tag   billig   Krieg   Mittag   Pflug   Weg   wichtig   jung
Berg   Flug   genug**

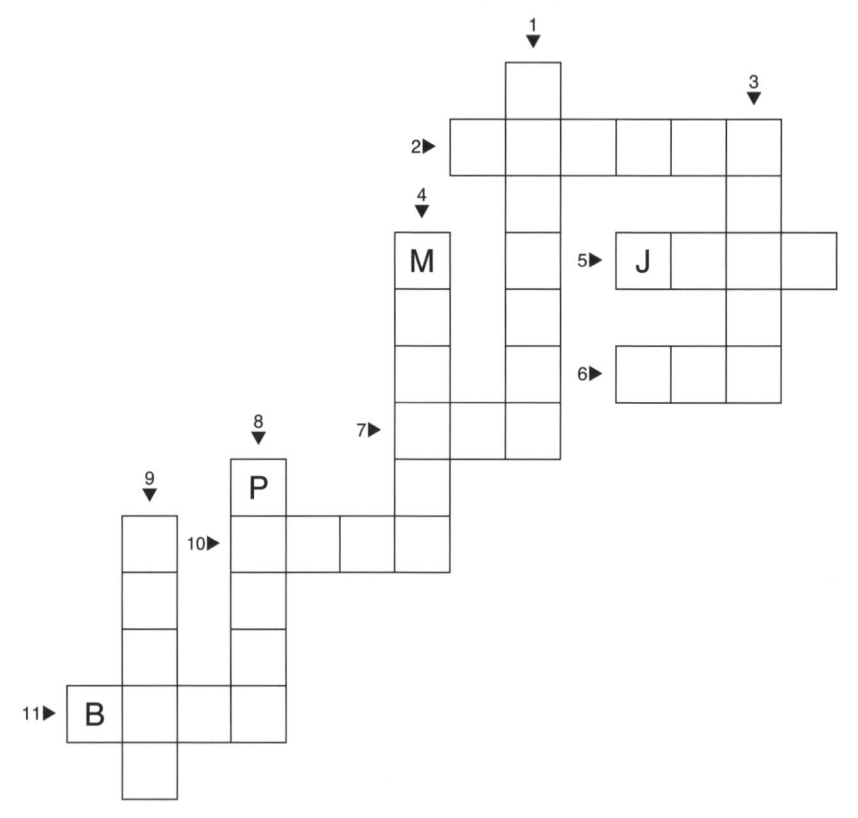

2. Ordne die Wörter nach dem Abc und schreibe sie auf die Linien.

_____

_____

_____

3. Ordne die Wörter nach Wortarten.

   Namenwörter: _____

   Tunwörter: _____

   Wiewörter: _____

   restliche Wörter: _____

4. Vergleiche mit der Lösung. Verbessere.

5. Erfinde einen Quatschsatz oder einen Quatschtext mit vielen Wörtern, die mit -g enden.

11. Auslautverhärtung -g – Lösung

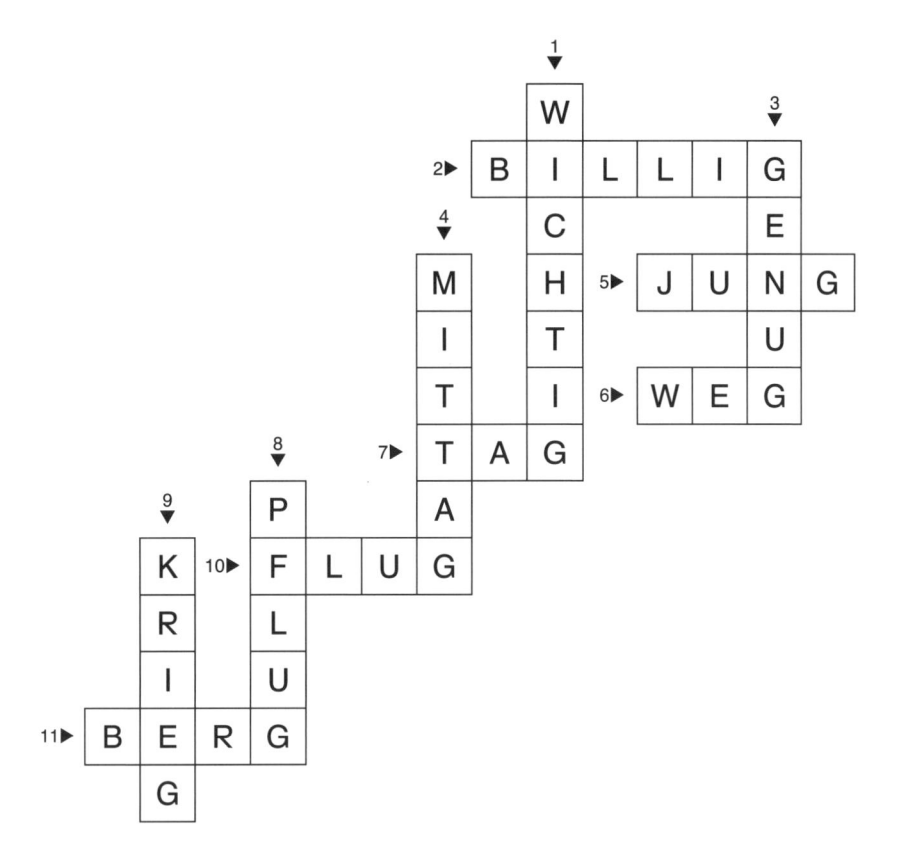

```
              W
         2▶ B I L L I G
              C           E
      4▶      H        5▶ J U N G
         M    T           U
         I    T
         T    I     6▶ W E G
      7▶ T  A  G
      8▶
   9▶    P   A
   K 10▶ F  L  U  G
   R     L
   I     U
11▶ B E  R  G
         G
```

2. Ordne die Wörter nach dem Abc und schreibe sie auf die Linien.

   Berg, billig, Flug, genug, jung, Krieg, Mittag, Pflug, Tag, Weg, wichtig

3. Ordne die Wörter nach Wortarten.

   Namenwörter: Berg, Flug, Krieg, Mittag, Pflug, Tag, Weg

   Tunwörter: –

   Wiewörter: billig, jung, wichtig

   restliche Wörter: genug

12. Auslautverhärtung -b

> Manche Wörter schreibst du am Ende mit -b, obwohl du ein -p hörst.
> Verlängere das Wort und du weißt die Endung sofort: -b.

1. a) Kreise alle -b ein.   b) Schreibe mit Bleistift die -b-Wörter in die Kästchen.

Dieb   halb   Stab   gelb   Sieb   taub   lieb   Korb   Laub

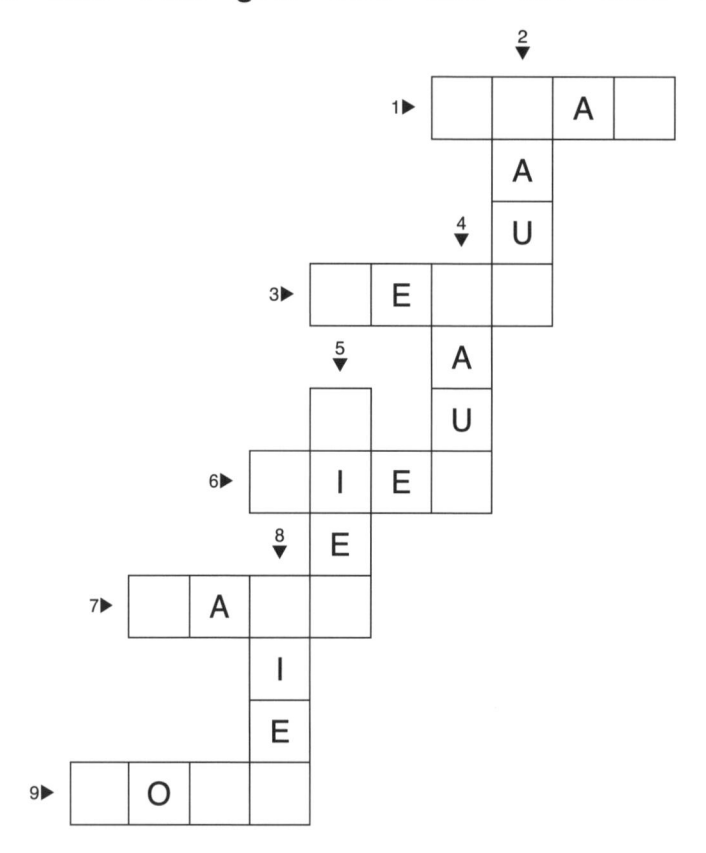

2. Ordne die Wörter nach dem Abc und schreibe sie auf die Linien.

_____

_____

_____

3. Ordne die Wörter nach Wortarten.

   Namenwörter: _____

   Tunwörter: _____

   Wiewörter: _____

   restliche Wörter: _____

4. Vergleiche mit der Lösung. Verbessere.

5. Erfinde einen Quatschsatz oder einen Quatschtext mit vielen Wörtern, die mit -b enden.

12. Auslautverhärtung -b – Lösung

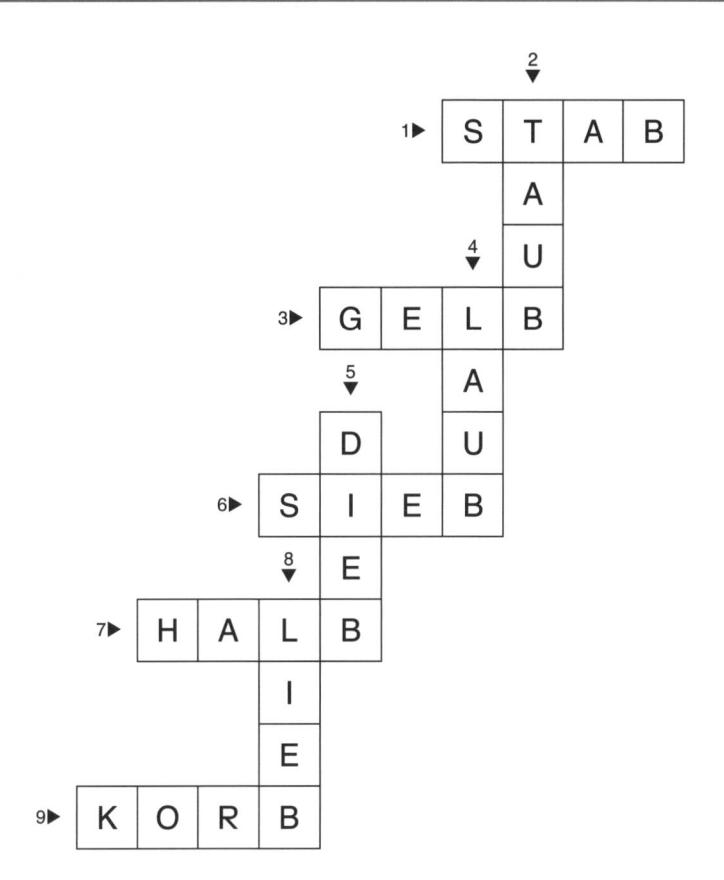

```
           ↓2
    1► │ S │ T │ A │ B │
            │ A │
          ↓4│ U │
    3► │ G │ E │ L │ B │
          ↓5│ A │
        │ D │ U │
    6► │ S │ I │ E │ B │
          ↓8│ E │
    7► │ H │ A │ L │ B │
            │ I │
            │ E │
    9► │ K │ O │ R │ B │
```

2. Ordne die Wörter nach dem Abc und schreibe sie auf die Linien.

   Dieb, gelb, halb, Korb, Laub, lieb, Sieb, Stab, taub

3. Ordne die Wörter nach Wortarten.

   Namenwörter: Dieb, Korb, Laub, Sieb, Stab

   Tunwörter: —

   Wiewörter: gelb, lieb, taub

   restliche Wörter: halb

12. Auslautverhärtung -b

> Manche Wörter schreibst du am Ende mit -b, obwohl du ein -p hörst.
> Verlängere das Wort und du weißt die Endung sofort: -b.

1. a) Kreise alle -b ein.   b) Schreibe mit Bleistift die -b-Wörter in die Kästchen.

Dieb   halb   Stab   gelb   Sieb   taub   lieb   Korb   Laub

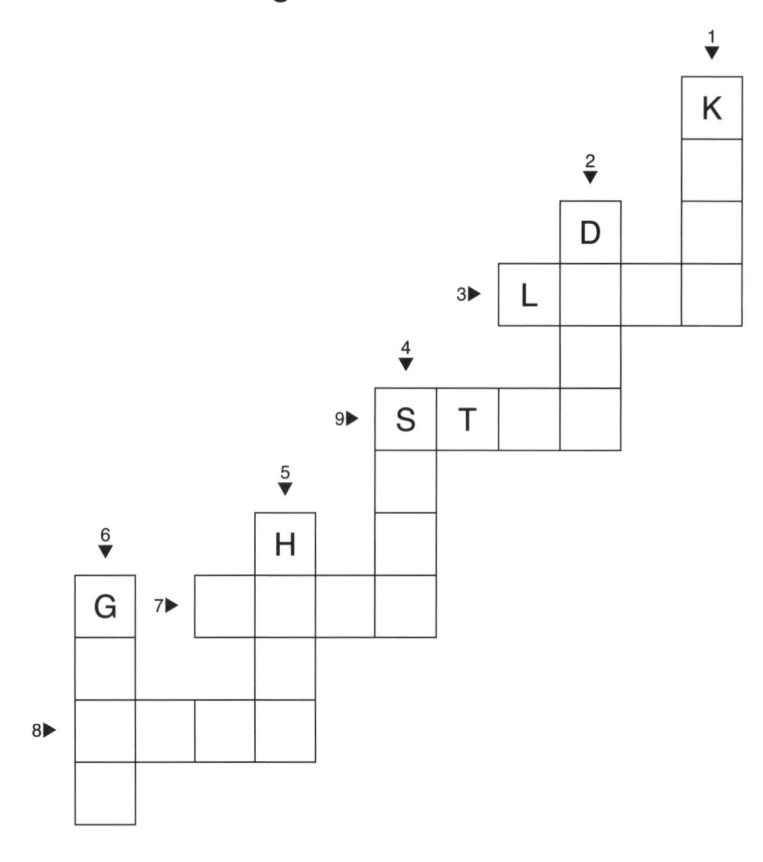

2. Ordne die Wörter nach dem Abc und schreibe sie auf die Linien.

_____

_____

_____

3. Ordne die Wörter nach Wortarten.

   Namenwörter: _____

   Tunwörter: _____

   Wiewörter: _____

   restliche Wörter: _____

4. Vergleiche mit der Lösung. Verbessere.

5. Erfinde einen Quatschsatz oder einen Quatschtext mit vielen Wörtern, die mit -b enden.

12. Auslautverhärtung -b – Lösung

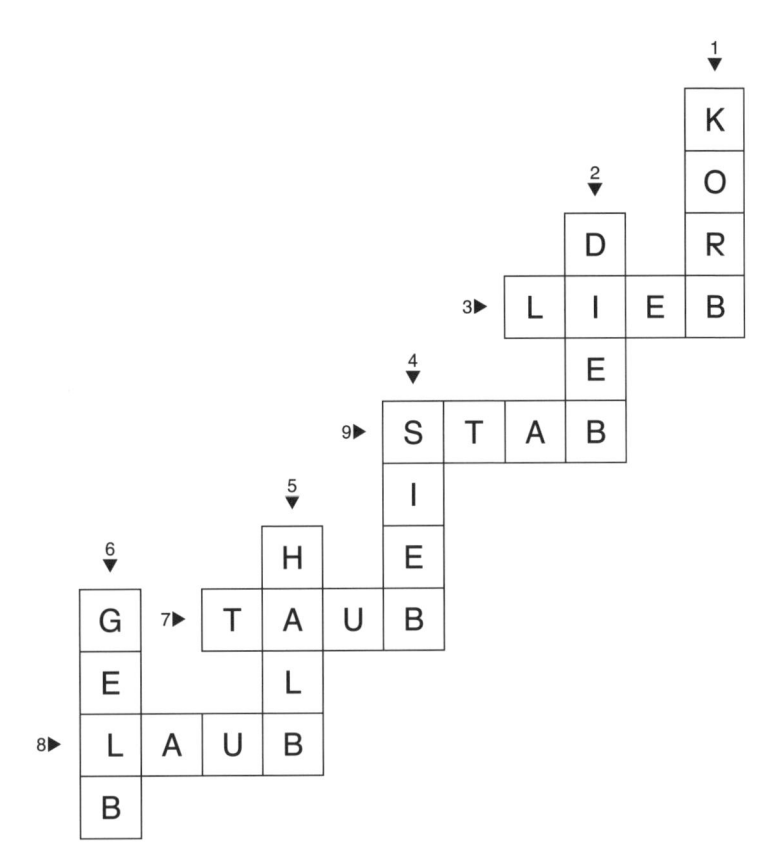

```
                              ↓1
                              K
                    ↓2        O
                    D         R
              3▶ L  I   E   B
                    E
              ↓4
        9▶ S  T  A  B
              I
         ↓5
         H    E
    ↓6
    G 7▶ T A U B
    E       L
 8▶ L  A  U  B
    B
```

2. Ordne die Wörter nach dem Abc und schreibe sie auf die Linien.

   Dieb, gelb, halb, Korb, Laub, lieb, Sieb, Stab, taub

3. Ordne die Wörter nach Wortarten.

   Namenwörter: Dieb, Korb, Laub, Sieb, Stab

   Tunwörter: –

   Wiewörter: gelb, lieb, taub

   restliche Wörter: halb

13. Dehnungs-h

> Wenn ein Selbstlaut oder Umlaut lang gesprochen wird, wird dahinter oft ein Dehnungs-h geschrieben: fa<u>h</u>ren.

1. a) Kreise alle Dehnungs-h ein.   b) Schreibe mit Bleistift die Wörter mit Dehnungs-h in die Kästchen.

**Draht   belohnen   Höhle   Fehler   fühlen   Gefahr   Bahn
Jahr   Bohne   kühl   Kuh   Hahn   fahren   Mehl**

2. Ordne die Wörter nach dem Abc und schreibe sie auf die Linien.

_____

_____

_____

3. Ordne die Wörter nach Wortarten.

   Namenwörter: _____

   Tunwörter: _____

   Wiewörter: _____

   restliche Wörter: _____

4. Vergleiche mit der Lösung. Verbessere.

5. Erfinde einen Quatschsatz oder einen Quatschtext mit vielen Wörtern, die ein Dehnungs-h haben.

13. Dehnungs-h – Lösung

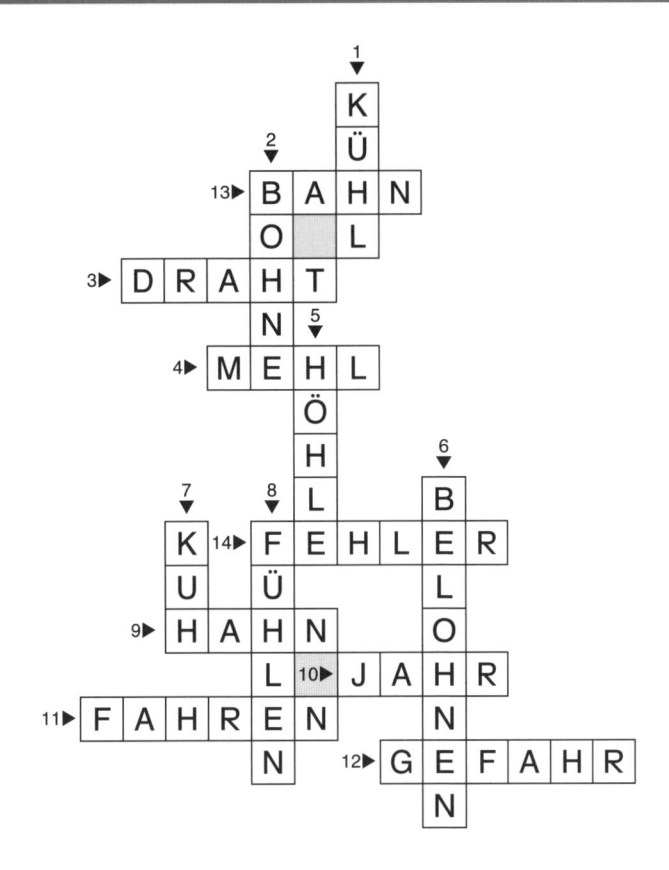

```
              1↓
              K
          2↓  Ü
    13► B  A  H  N
        O     L
  3► D  R  A  H  T
        N     5↓
        4► M  E  H  L
              Ö
              H           6↓
        7↓ 8↓ L           B
        K 14►F  E  H  L  E  R
        U     Ü           L
     9► H  A  H  N        O
        L     10►J  A  H  R
     11►F  A  H  R  E  N
              N  12►G  E  F  A  H  R
                 N
```

2. Ordne die Wörter nach dem Abc und schreibe sie auf die Linien.

   Bahn, belohnen, Bohne, Draht, fahren, Fehler, fühlen, Gefahr, Hahn, Höhle, Jahr, Kuh,

   kühl, Mehl

3. Ordne die Wörter nach Wortarten.

   Namenwörter: Bahn, Bohne, Draht, Fehler, Gefahr, Hahn, Höhle, Jahr, Kuh, Mehl

   Tunwörter: belohnen, fahren, fühlen

   Wiewörter: kühl

   restliche Wörter: –

13. Dehnungs-h

Wenn ein Selbstlaut oder Umlaut lang gesprochen wird, wird dahinter oft ein Dehnungs-h geschrieben: <u>fah</u>ren.

1. a) Kreise alle Dehnungs-h ein. b) Schreibe mit Bleistift die Wörter mit Dehnungs-h in die Kästchen.

**Draht   belohnen   Höhle   Fehler   fühlen   Gefahr   Bahn
Jahr   Bohne   kühl   Kuh   Hahn   fahren   Mehl**

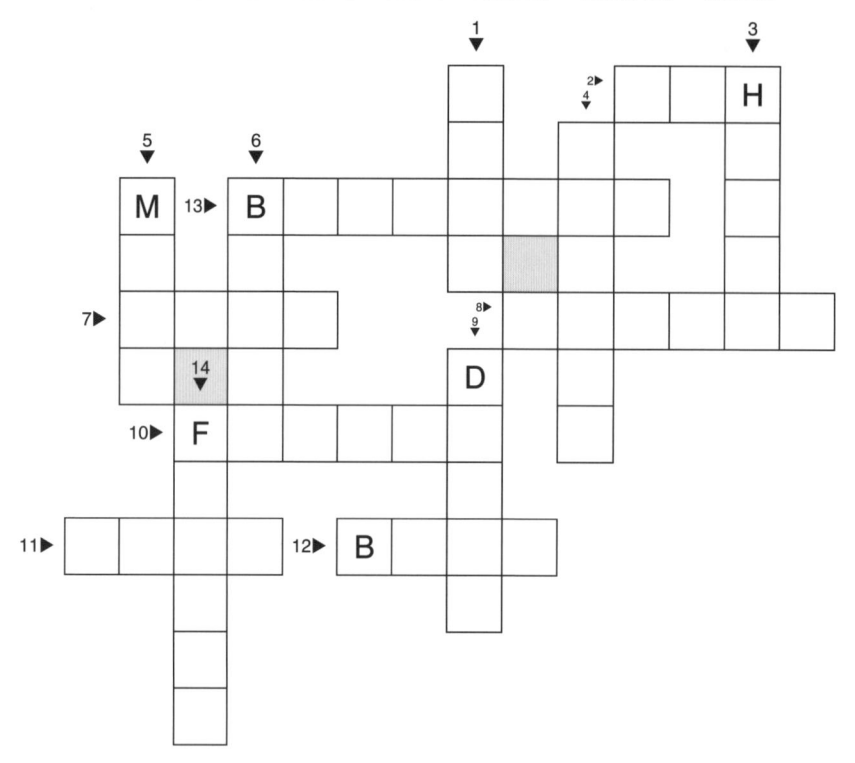

2. Ordne die Wörter nach dem Abc und schreibe sie auf die Linien.

_____

_____

_____

3. Ordne die Wörter nach Wortarten.

   Namenwörter: _____

   Tunwörter: _____

   Wiewörter: _____

   restliche Wörter: _____

4. Vergleiche mit der Lösung. Verbessere.

5. Erfinde einen Quatschsatz oder einen Quatschtext mit vielen Wörtern, die ein Dehnungs-h haben.

13. Dehnungs-h – Lösung

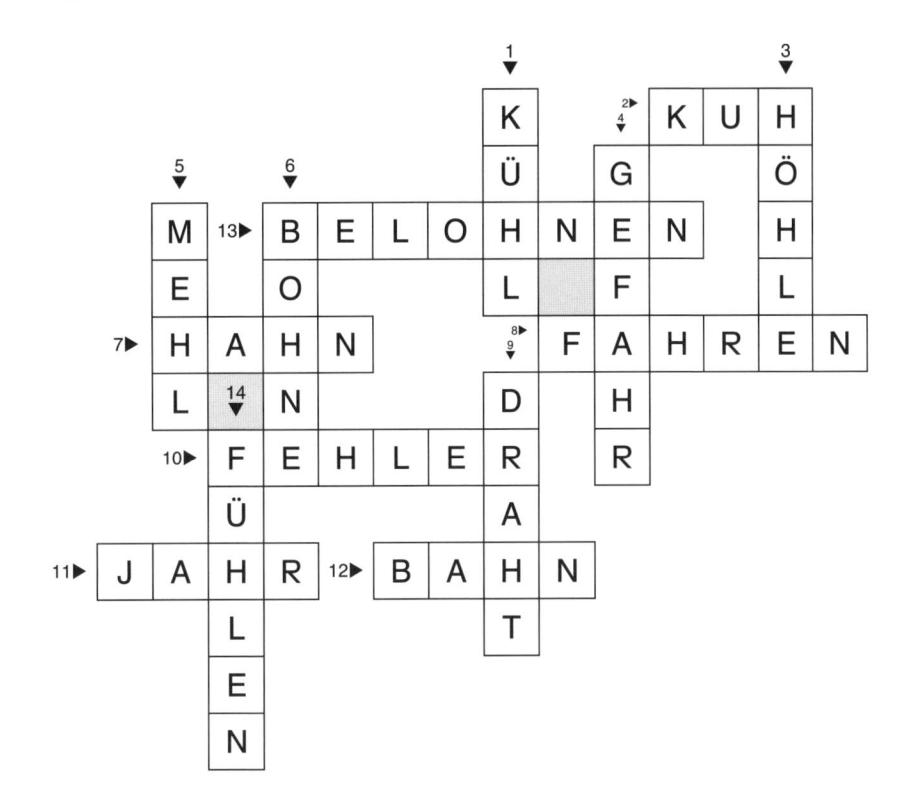

					¹▼		³▼		
					K	²▶⁴▼	K	U	H
	⁵▼	⁶▼			Ü	G	Ö		
M	13▶	B	E	L	O	H	N	E	N	H
E		O			L	F			L
7▶ H	A	H	N		8▶⁹▼ F	A	H	R	E	N
L	14▼	N			D	H			
10▶	F	E	H	L	E	R			
	Ü				A				
11▶ J	A	H	R	12▶ B	A	H	N		
	L				T				
	E								
	N								

2. Ordne die Wörter nach dem Abc und schreibe sie auf die Linien.

   Bahn, belohnen, Bohne, Draht, fahren, Fehler, fühlen, Gefahr, Hahn, Höhle, Jahr, Kuh,

   kühl, Mehl

3. Ordne die Wörter nach Wortarten.

   Namenwörter: Bahn, Bohne, Draht, Fehler, Gefahr, Hahn, Höhle, Jahr, Kuh, Mehl

   Tunwörter: belohnen, fahren, fühlen

   Wiewörter: kühl

   restliche Wörter: —

14. Doppelter Selbstlaut aa, ee, oo

> Wenn ein Selbstlaut lang gesprochen wird, wird er manchmal verdoppelt: aa, ee, oo.

1. a) Kreise alle aa, oo und ee ein.   b) Schreibe mit Bleistift die aa-, ee- und oo-Wörter in die Kästchen.

   Schnee   Boot   Kaffee   doof   Beere   Idee   paar   Haar   See   Meer

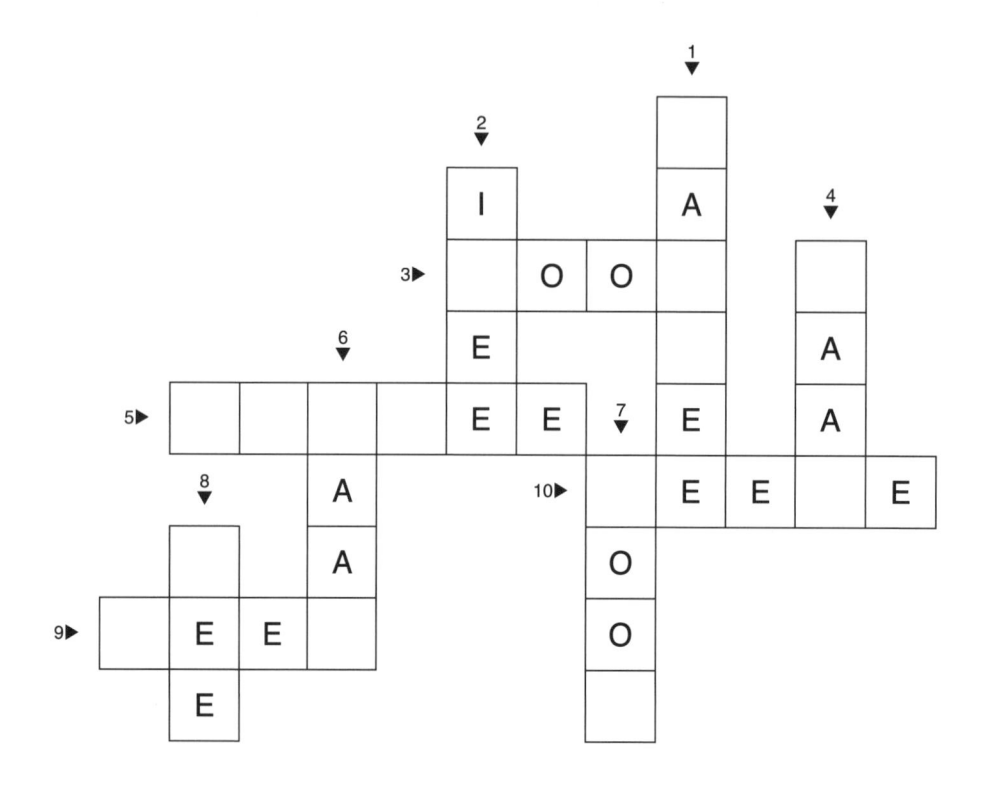

2. Ordne die Wörter nach dem Abc und schreibe sie auf die Linien.

   _____

   _____

   _____

3. Ordne die Wörter nach Wortarten.

   Namenwörter: _____

   Tunwörter: _____

   Wiewörter: _____

   restliche Wörter: _____

4. Vergleiche mit der Lösung. Verbessere.

5. Erfinde einen Quatschsatz oder einen Quatschtext mit vielen aa-, ee- und oo-Wörtern.

14. Doppelter Selbstlaut aa, ee, oo – Lösung

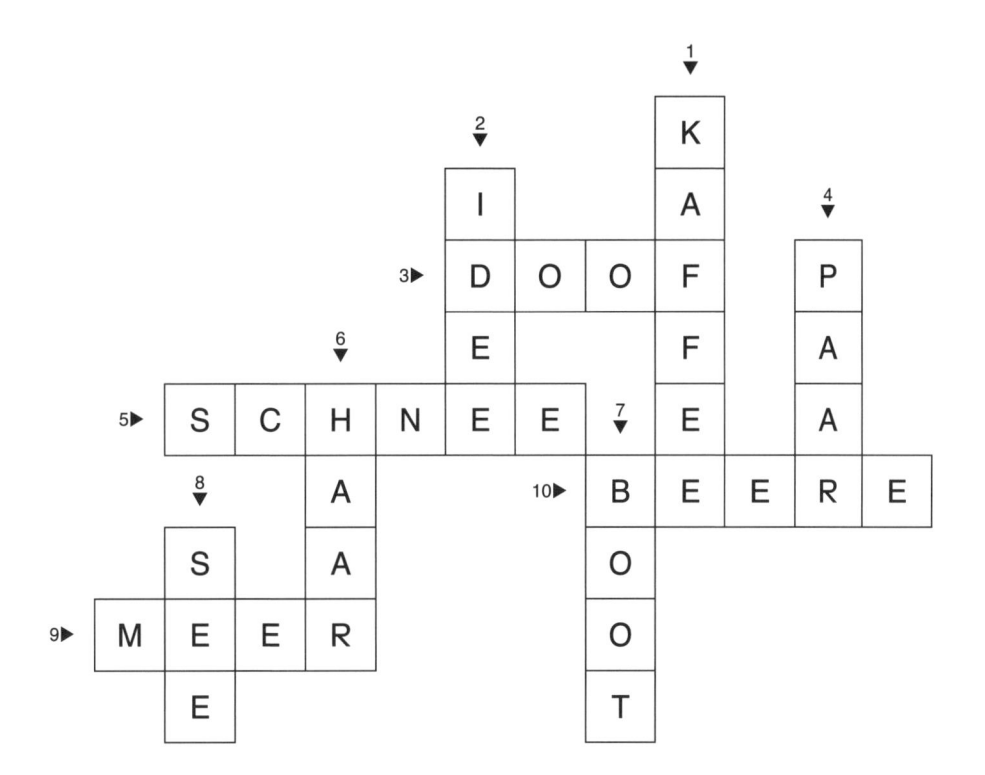

Crossword solution:
- 3► DOOF
- 5► SCHNEE
- 9► MEER
- 10► BEERE
- 1↓ KAFFEE
- 2↓ IDEE
- 4↓ PAAR
- 6↓ HAAR (SAA... - column shows E, E, A, A, E reading down from 6)
- 7↓ SEE
- 8↓ SEE (BOOT column: B, O, O, T)

2. Ordne die Wörter nach dem Abc und schreibe sie auf die Linien.

Beere, Boot, doof, Haar, Idee, Kaffee, Meer, paar, Schnee, See

3. Ordne die Wörter nach Wortarten.

Namenwörter: Beere, Boot, Haar, Idee, Kaffee, Meer, Schnee, See

Tunwörter: –

Wiewörter: doof

restliche Wörter: paar

14. Doppelter Selbstlaut aa, ee, oo

> Wenn ein Selbstlaut lang gesprochen wird, wird er manchmal verdoppelt: aa, ee, oo.

1. a) Kreise alle aa, oo und ee ein. b) Schreibe mit Bleistift die aa-, ee- und oo-Wörter in die Kästchen.

   Schnee Boot Kaffee doof Beere Idee paar Haar See Meer

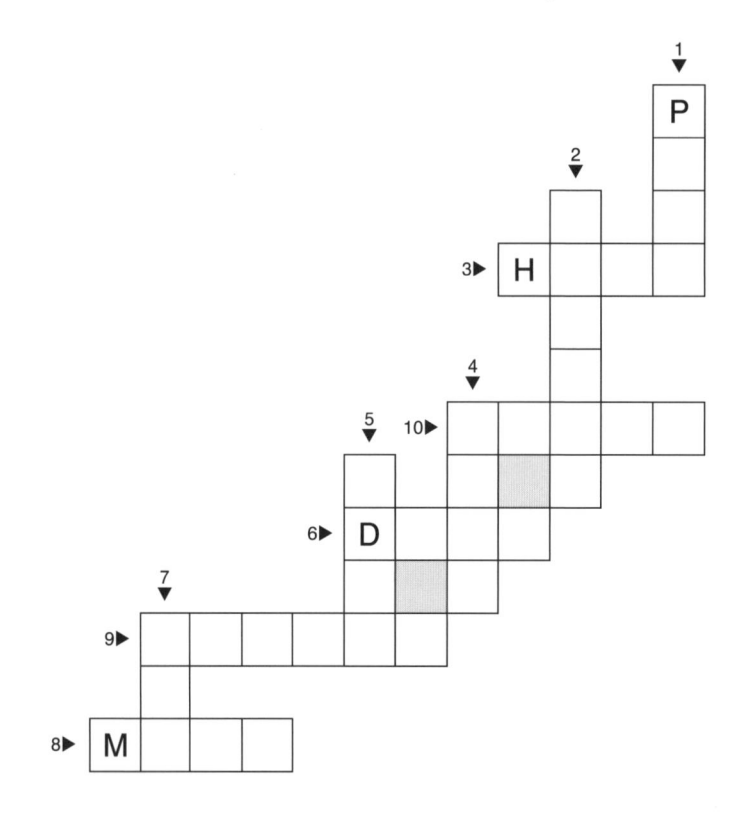

2. Ordne die Wörter nach dem Abc und schreibe sie auf die Linien.

   _____

   _____

   _____

3. Ordne die Wörter nach Wortarten.

   Namenwörter: _____

   Tunwörter: _____

   Wiewörter: _____

   restliche Wörter: _____

4. Vergleiche mit der Lösung. Verbessere.

5. Erfinde einen Quatschsatz oder einen Quatschtext mit vielen aa-, ee- und oo-Wörtern.

14. Doppelter Selbstlaut aa, ee, oo – Lösung

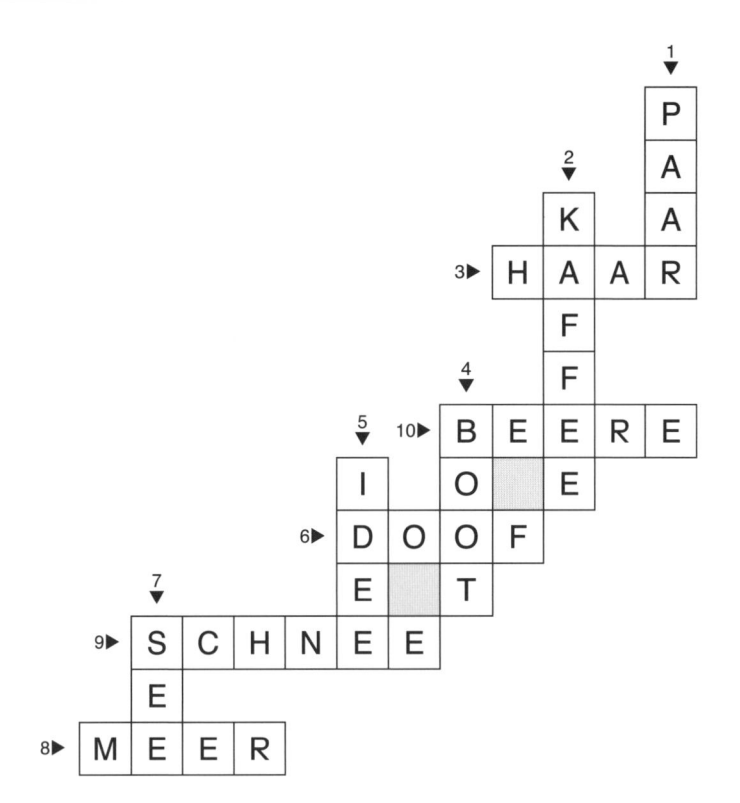

```
                    1↓
                    P
              2↓    A
              K     A
        3► H  A  A  R
              F
              F
         4↓
      5↓ 10► B  E  E  R  E
      I     O        E
   6► D  O  O  F
      7↓
         E     T
   9► S  C  H  N  E  E
      E
   8► M  E  E  R
```

2. Ordne die Wörter nach dem Abc und schreibe sie auf die Linien.

   Beere, Boot, doof, Haar, Idee, Kaffee, Meer, paar, Schnee, See

3. Ordne die Wörter nach Wortarten.

   Namenwörter: Beere, Boot, Haar, Idee, Kaffee, Meer, Schnee, See

   Tunwörter: —

   Wiewörter: doof

   restliche Wörter: paar

15. Wörter mit ie

> Ein lang gesprochenes i schreibt man oft ie.
> Ausnahmen sind Wörter mit Dehnungs-h wie ihm, ihn, ihr ...
> und Wörter wie Maschine, Rosine, Musik, dir, Medizin, lila ...

1. a) Kreise alle ie ein.   b) Schreibe mit Bleistift die ie-Wörter in die Kästchen.

   **probieren   Dienstag   Papier   schwierig   fliegen   riechen   Liebe
   nie   sieben   Frieden   Brief   spielen   vier   verlieren**

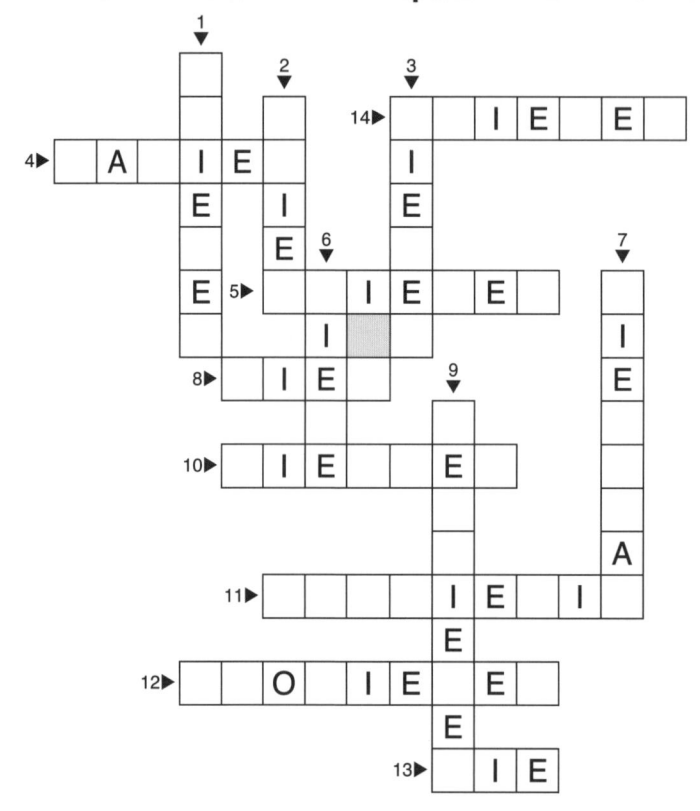

2. Ordne die Wörter nach dem Abc und schreibe sie auf die Linien.

   _____
   _____
   _____

3. Ordne die Wörter nach Wortarten.

   Namenwörter: _____

   Tunwörter: _____

   Wiewörter: _____

   restliche Wörter: _____

4. Vergleiche mit der Lösung. Verbessere.

5. Erfinde einen Quatschsatz oder einen Quatschtext mit vielen ie-Wörtern.

15. Wörter mit ie – Lösung

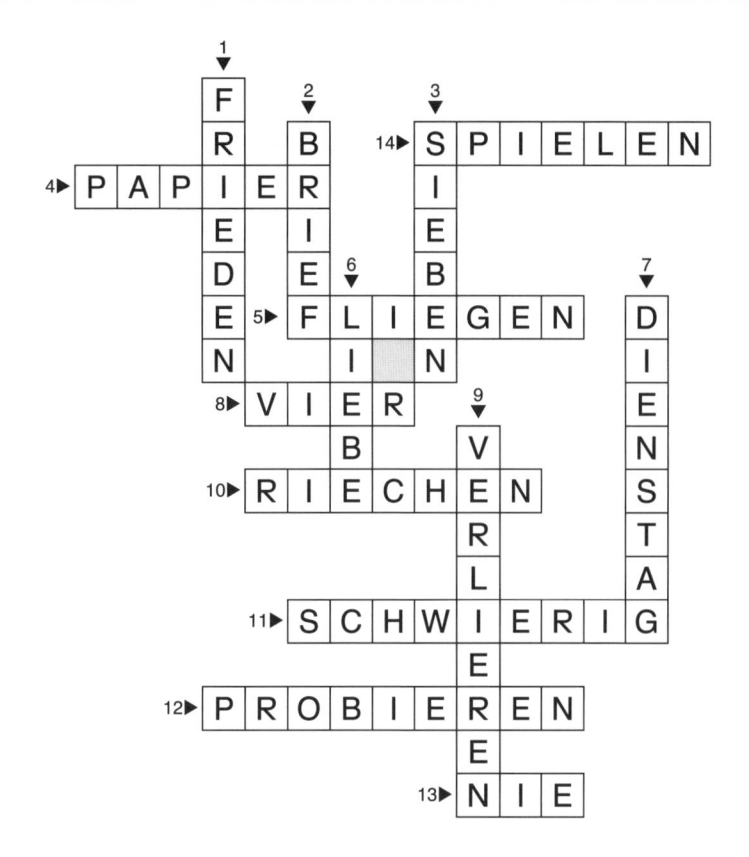

```
        1↓
        F
        R     2↓        3↓
        I     B    14► S P I E L E N
  4► P  A  P  I E R    I
        E     I         E
        D     E   6↓    B
        E  5► F L I E G E N         7↓
        N        I     N            D
     8► V  I  E  R         9↓       I
              B            V        E
     10► R I E C H E N     N        S
                           R        T
                           L        A
     11► S C H W I E R I G
                           E
     12► P R O B I E R E N
                           E
                       13► N I E
```

2. Ordne die Wörter nach dem Abc und schreibe sie auf die Linien.

   Brief, Dienstag, fliegen, Frieden, Liebe, nie, Papier, probieren, riechen, schwierig,

   sieben, spielen, verlieren, vier

3. Ordne die Wörter nach Wortarten.

   Namenwörter: Brief, Dienstag, Frieden, Liebe, Papier

   Tunwörter: fliegen, probieren, riechen, spielen, verlieren
   Wiewörter: schwierig
   restliche Wörter: nie, sieben, vier

15. Wörter mit ie

> Ein lang gesprochenes i schreibt man oft ie.
> Ausnahmen sind Wörter mit Dehnungs-h wie ihm, ihn, ihr ...
> und Wörter wie Maschine, Rosine, Musik, dir, Medizin, lila ...

1. a) Kreise alle ie ein.   b) Schreibe mit Bleistift die ie-Wörter in die Kästchen.

**probieren   Dienstag   Papier   schwierig   fliegen   riechen   Liebe
nie   sieben   Frieden   Brief   spielen   vier   verlieren**

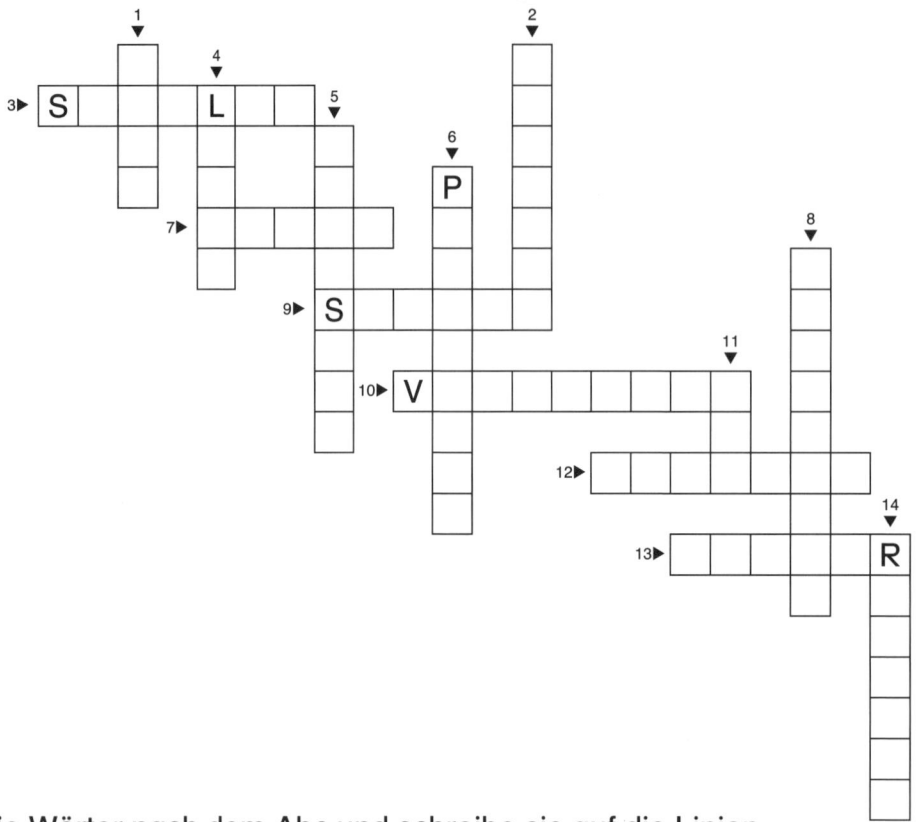

2. Ordne die Wörter nach dem Abc und schreibe sie auf die Linien.

_____

_____

_____

3. Ordne die Wörter nach Wortarten.

   Namenwörter: _____

   Tunwörter: _____

   Wiewörter: _____

   restliche Wörter: _____

4. Vergleiche mit der Lösung. Verbessere.

5. Erfinde einen Quatschsatz oder einen Quatschtext mit vielen ie-Wörtern.

15. Wörter mit ie – Lösung

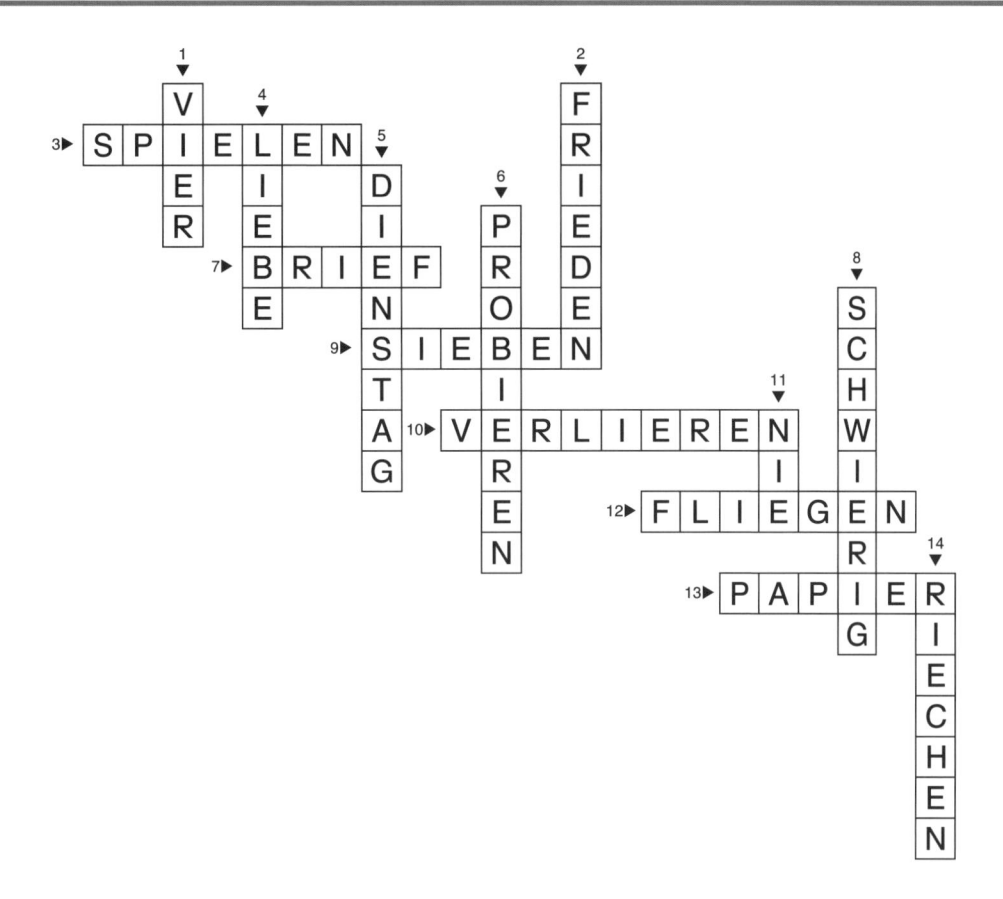

```
        1           2
        V           F
   3►S P I E L E N  R
        E  4        I
        R  D     6  E
           I     P  D
        7► B R I E F
           N     R  E
        9► S I E B E N
           T     B      8
           A     I      S
       10► V E R L I E R E N
           G     R    11 W
                 E  12►F L I E G E N
                 N     R    14
                    13►P A P I E R
                         G      I
                                E
                                C
                                H
                                E
                                N
```

2. Ordne die Wörter nach dem Abc und schreibe sie auf die Linien.

   Brief, Dienstag, fliegen, Frieden, Liebe, nie, Papier, probieren, riechen, schwierig,

   sieben, spielen, verlieren, vier

3. Ordne die Wörter nach Wortarten.

   Namenwörter: Brief, Dienstag, Frieden, Liebe, Papier

   Tunwörter: fliegen, probieren, riechen, spielen, verlieren

   Wiewörter: schwierig

   restliche Wörter: nie, sieben, vier

16. Wörter mit langem i

> Ein lang gesprochenes i kann man manchmal mit einfachem i schreiben. Ausnahmen sind Wörter mit Dehnungs-h wie ihm, ihn, ihr ... und Wörter mit ie wie Tier, Riese, vier, liegen, Brief, Biene ...

1. a) Kreise alle i ein.   b) Schreibe mit Bleistift die i-Wörter in die Kästchen.

   **Tiger   dir   Fabrik   Igel   Kaninchen   Kino   lila   Maschine   Musik   prima
   widerlich   widersprechen   Krokodil**

2. Ordne die Wörter nach dem Abc und schreibe sie auf die Linien.

   _____
   _____
   _____

3. Ordne die Wörter nach Wortarten.

   Namenwörter: _____

   Tunwörter: _____

   Wiewörter: _____

   restliche Wörter: _____

4. Vergleiche mit der Lösung. Verbessere.

5. Erfinde einen Quatschsatz oder einen Quatschtext mit vielen Wörtern, die ein langes i haben.

16. Wörter mit langem i – Lösung

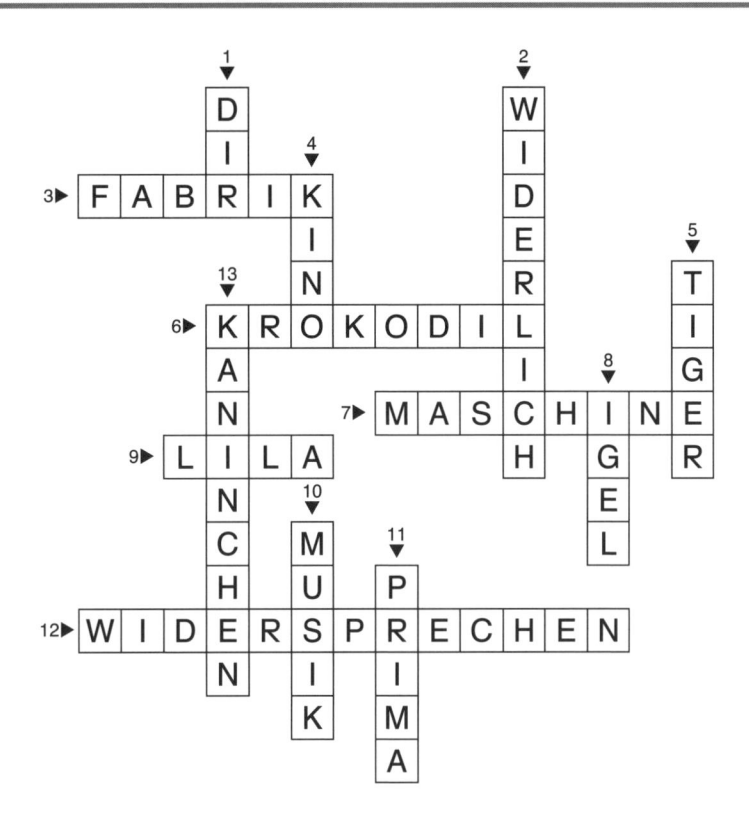

```
        1           2
        D           W
        I           I
   3►F A B R I K    D
        N      4►   E
            K       R
        13► I       L
       6►K R O K O D I L        5
            N          8►       T
            A          7►M A S C H I N E
            N              H   G
       9►L I L A            G   E
            N   10          E   R
            C   M           L
            H   U   11►
      12►W I D E R S P R E C H E N
            N   S   R
                I   I
                K   M
                    A
```

2. Ordne die Wörter nach dem Abc und schreibe sie auf die Linien.

   dir, Fabrik, Igel, Kaninchen, Kino, Krokodil, lila, Maschine, Musik, prima, Tiger,

   widerlich, widersprechen

3. Ordne die Wörter nach Wortarten.

   Namenwörter: Fabrik, Igel, Kaninchen, Kino, Krokodil, Maschine, Musik, Tiger

   Tunwörter: widersprechen

   Wiewörter: lila, prima, widerlich

   restliche Wörter: dir

16. Wörter mit langem i

Ein lang gesprochenes i kann man manchmal mit einfachem i schreiben. Ausnahmen sind Wörter mit Dehnungs-h wie ihm, ihn, ihr ... und Wörter mit ie wie Tier, Riese, vier, liegen, Brief, Biene ...

1. a) Kreise alle i ein.   b) Schreibe mit Bleistift die i-Wörter in die Kästchen.

**Tiger   dir   Fabrik   Igel   Kaninchen   Kino   lila   Maschine   Musik   prima
widerlich   widersprechen   Krokodil**

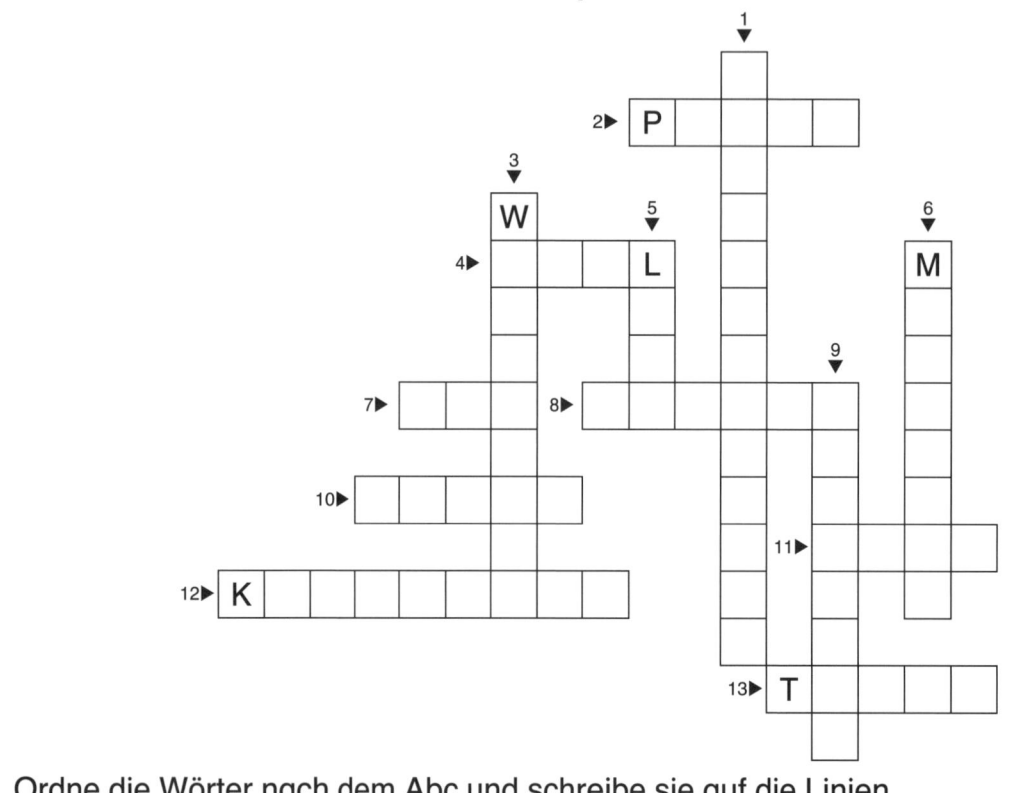

2. Ordne die Wörter nach dem Abc und schreibe sie auf die Linien.

_____

_____

_____

3. Ordne die Wörter nach Wortarten.

Namenwörter: _____

Tunwörter: _____

Wiewörter: _____

restliche Wörter: _____

4. Vergleiche mit der Lösung. Verbessere.

5. Erfinde einen Quatschsatz oder einen Quatschtext mit vielen Wörtern, die ein langes i haben.

16. Wörter mit langem i – Lösung

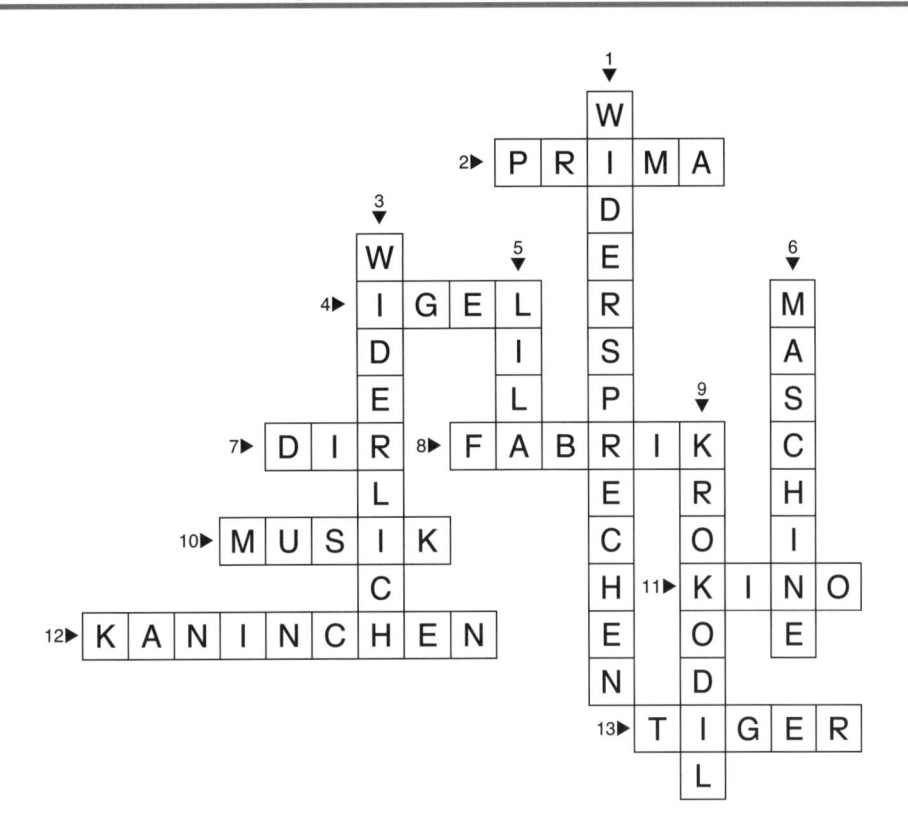

```
                    1
                    W
            2► P R I M A
                    D
          3         E
          W    5    R         6
        4► I G E L  S         M
          D    I    P         A
          E    L    9         S
      7► D I R 8► F A B R I K C
          L         E    R    H
       10► M U S I K    O    I
          C         H 11► K I N O
      12► K A N I N C H E N  E
                    E    O
                    N    D
                  13► T I G E R
                         L
```

2. Ordne die Wörter nach dem Abc und schreibe sie auf die Linien.

   dir, Fabrik, Igel, Kaninchen, Kino, Krokodil, lila, Maschine, Musik, prima, Tiger, widerlich, widersprechen

3. Ordne die Wörter nach Wortarten.

   Namenwörter: Fabrik, Igel, Kaninchen, Kino, Krokodil, Maschine, Musik, Tiger

   Tunwörter: widersprechen

   Wiewörter: lila, prima, widerlich

   restliche Wörter: dir

17. Wörter mit eu

> Man schreibt Wörter mit äu, wenn man die Einzahl mit au schreiben kann: Mäuse – Maus. Sonst schreibt man die Wörter mit eu.

1. a) Kreise alle eu ein. b) Schreibe mit Bleistift die eu-Wörter in die Kästchen.

   Beule   Teufel   deutlich   heulen   Zeug   heute   neu   leuchten   neun   Beutel   Schleuder   teuer   Leute

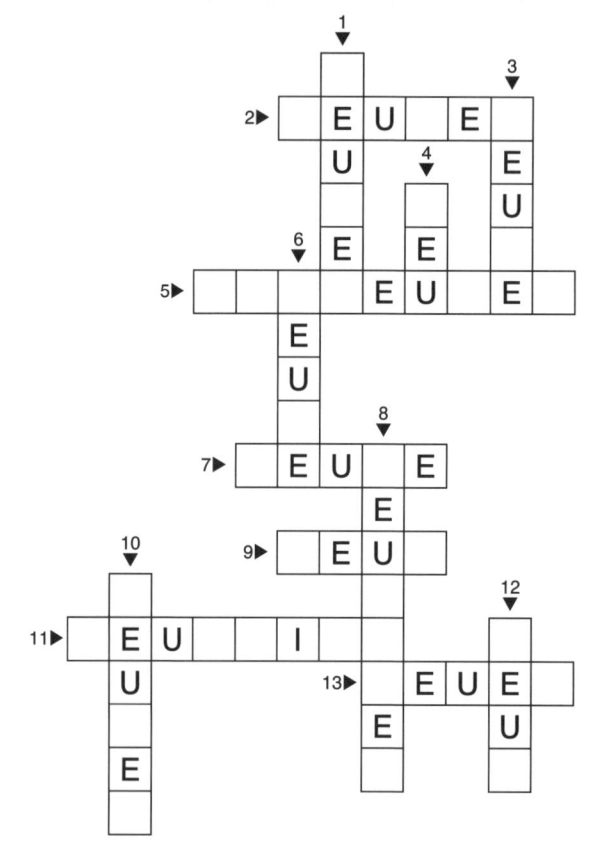

2. Ordne die Wörter nach dem Abc und schreibe sie auf die Linien.

   _____
   _____
   _____

3. Ordne die Wörter nach Wortarten.

   Namenwörter: _____

   Tunwörter: _____

   Wiewörter: _____

   restliche Wörter: _____

4. Vergleiche mit der Lösung. Verbessere.

5. Erfinde einen Quatschsatz oder einen Quatschtext mit vielen eu-Wörtern.

17. Wörter mit eu – Lösung

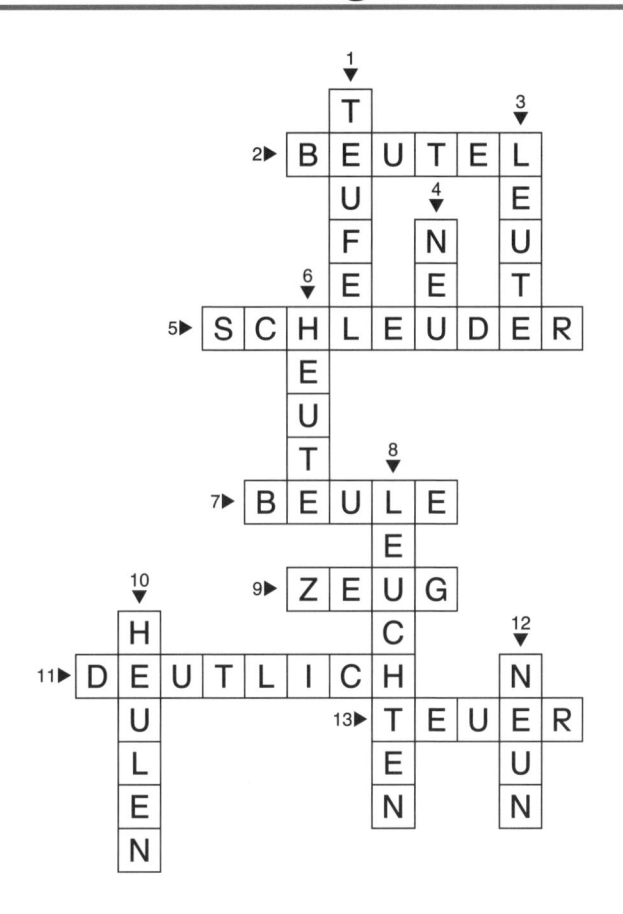

```
         1↓
         T
     2► B E U T E L       3↓
         U      4↓        L
         F      N         E
         E      E         U
     6↓                   T
  5► S C H L E U D E R
         E
         U
         T        8↓
     7► B E U L E
               E
      10↓   9► Z E U G
       H       C      12↓
   11► D E U T L I C H   N
       U      13► T E U E R
       L         E       U
       E         N       N
       N
```

2. Ordne die Wörter nach dem Abc und schreibe sie auf die Linien.

   Beule, Beutel, deutlich, heulen, heute, leuchten, Leute, neu, neun, Schleuder, teuer, Teufel, Zeug

3. Ordne die Wörter nach Wortarten.

   Namenwörter: Beule, Beutel, Leute, Schleuder, Teufel, Zeug

   Tunwörter: heulen, leuchten

   Wiewörter: deutlich, neu, teuer

   restliche Wörter: heute, neun

17. Wörter mit eu

> Man schreibt Wörter mit äu, wenn man die Einzahl mit au schreiben kann:
> Mäuse – Maus. Sonst schreibt man die Wörter mit eu.

1. a) Kreise alle eu ein.   b) Schreibe mit Bleistift die eu-Wörter in die Kästchen.

   Beule   Teufel   deutlich   heulen   Zeug   heute   neu   leuchten   neun
   Beutel   Schleuder   teuer   Leute

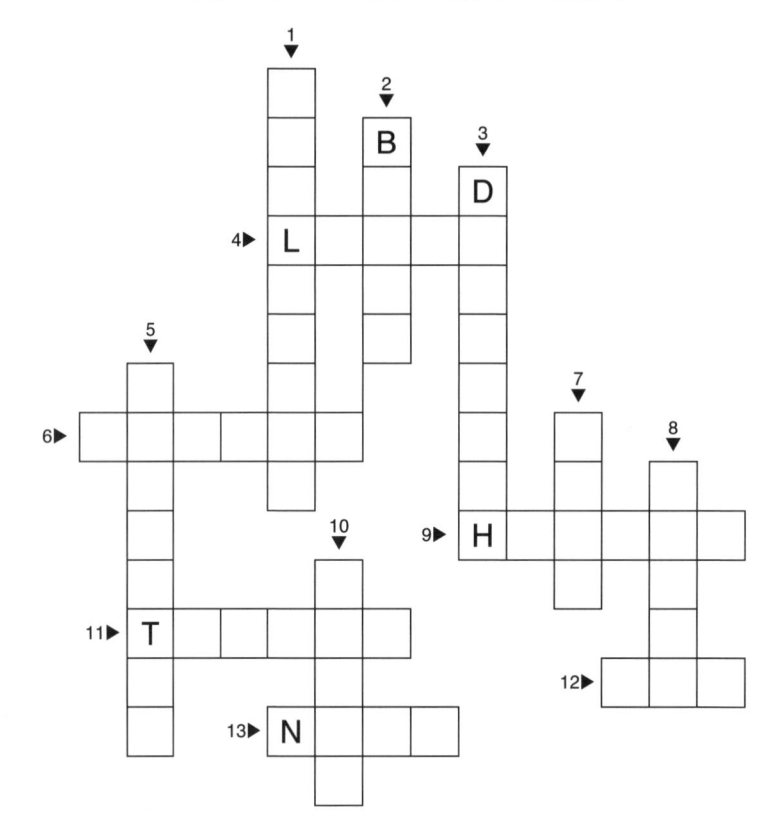

2. Ordne die Wörter nach dem Abc und schreibe sie auf die Linien.

   _____

   _____

   _____

3. Ordne die Wörter nach Wortarten.

   Namenwörter: _____

   Tunwörter: _____

   Wiewörter: _____

   restliche Wörter: _____

4. Vergleiche mit der Lösung. Verbessere.

5. Erfinde einen Quatschsatz oder einen Quatschtext mit vielen eu-Wörtern.

17. Wörter mit eu – Lösung

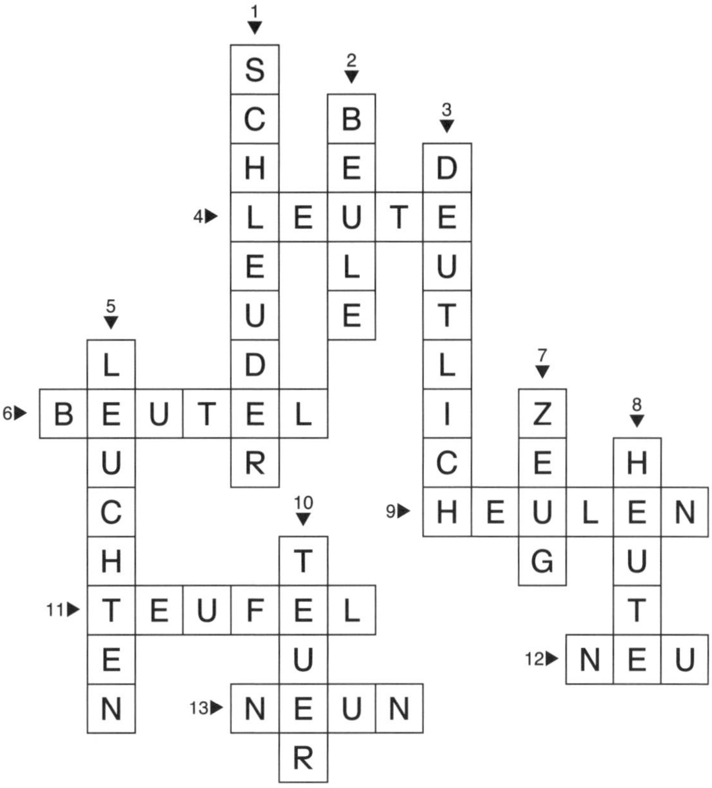
1 SCHLEUDER
2 BEULE
3 DEUTLICH
4 LEUTE
5 LEUCHTEN
6 BEUTEL
7 ZEUG
8 HEUTE
9 HEULEN
10 TEUER
11 TEUFEL
12 NEU
13 NEUN

2. Ordne die Wörter nach dem Abc und schreibe sie auf die Linien.

   Beule, Beutel, deutlich, heulen, heute, leuchten, Leute, neu, neun, Schleuder, teuer, Teufel, Zeug

3. Ordne die Wörter nach Wortarten.

   Namenwörter: Beule, Beutel, Leute, Schleuder, Teufel, Zeug

   Tunwörter: heulen, leuchten

   Wiewörter: deutlich, neu, teuer

   restliche Wörter: heute, neun

18. Wörter mit ä und äu

> Man schreibt meist ä oder äu, wenn man verwandte Wörter oder die Einzahl mit a oder au schreiben kann: Bäcker – backen, Bäume – Baum.

1. a) Kreise alle ä und äu ein.   b) Schreibe mit Bleistift die ä- und äu-Wörter in die Kästchen.

**Geräusch   säubern   Gebäude   aufräumen   läuten   häufig   Bäume
Bäcker   Verkäufer   Räuber   träumen   Mäuse**

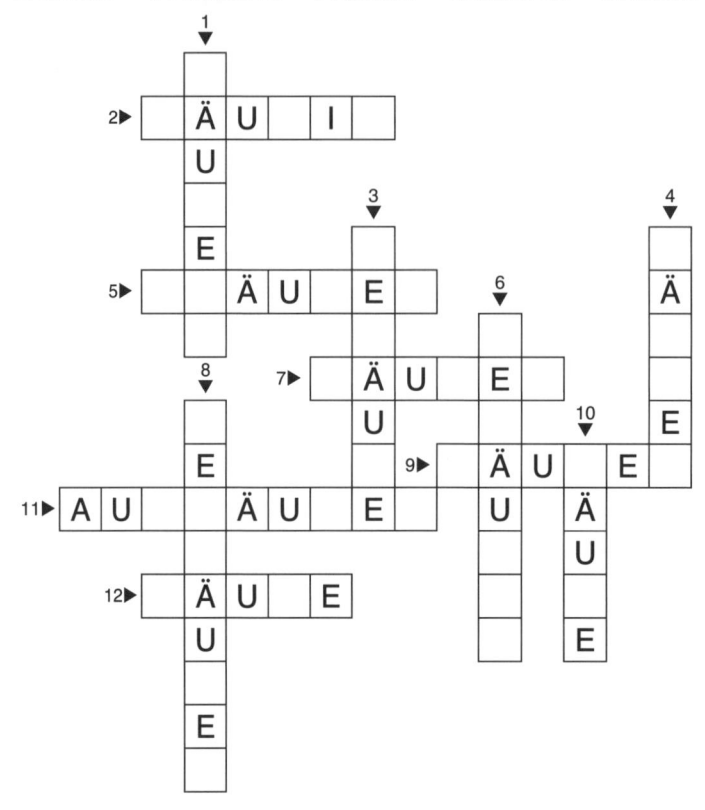

2. Ordne die Wörter nach dem Abc und schreibe sie auf die Linien.

3. Ordne die Wörter nach Wortarten.

   Namenwörter: _____

   Tunwörter: _____

   Wiewörter: _____

   restliche Wörter: _____

4. Vergleiche mit der Lösung. Verbessere.

5. Erfinde einen Quatschsatz oder einen Quatschtext mit vielen ä- und äu-Wörtern.

18. Wörter mit äu und ä – Lösung

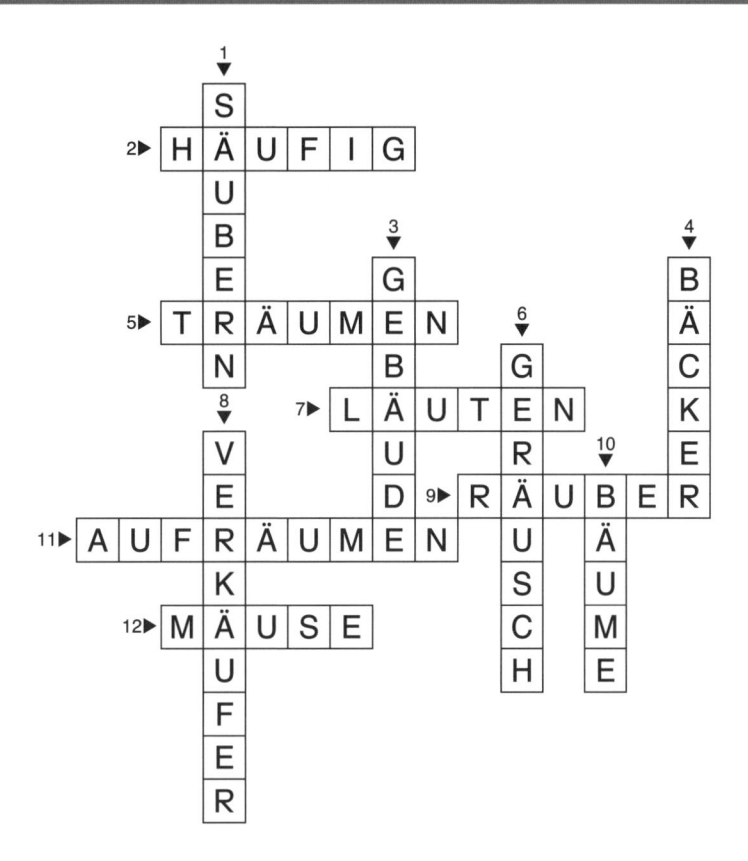

```
         1↓
         S
    2► H Ä U F I G
         U
         B         3↓                    4↓
         E         G                     B
    5► T R Ä U M E N        6↓           Ä
         N         B        G            C
         8↓    7► L Ä U T E N            K
         V         U        R      10↓   E
         E         D   9► R Ä U B E R
   11► A U F R Ä U M E N    U      Ä
         K                  S      U
         12► M Ä U S E      C      M
         U                  H      E
         F
         E
         R
```

2. Ordne die Wörter nach dem Abc und schreibe sie auf die Linien.

   aufräumen, Bäcker, Bäume, Gebäude, Geräusch, häufig, läuten, Mäuse, Räuber,

   säubern, träumen, Verkäufer

3. Ordne die Wörter nach Wortarten.

   Namenwörter: Bäcker, Bäume, Gebäude, Geräusch, Mäuse, Räuber, Verkäufer

   Tunwörter: aufräumen, läuten, säubern, träumen

   Wiewörter: häufig

   restliche Wörter: –

18. Wörter mit ä und äu

Man schreibt meist ä oder äu, wenn man verwandte Wörter oder die Einzahl mit a oder au schreiben kann: Bäcker – backen, Bäume – Baum.

1. a) Kreise alle ä und äu ein.   b) Schreibe mit Bleistift die ä- und äu-Wörter in die Kästchen.

   Geräusch   säubern   Gebäude   aufräumen   läuten   häufig   Bäume   Bäcker   Verkäufer   Räuber   träumen   Mäuse

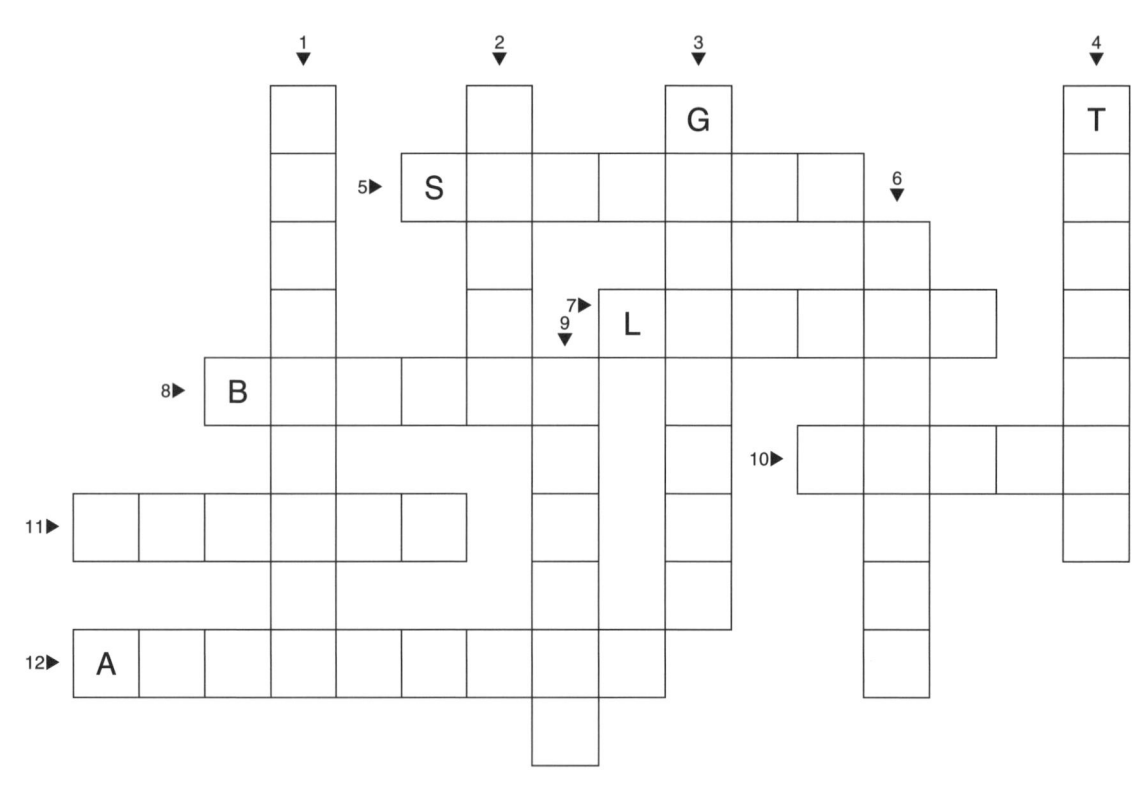

2. Ordne die Wörter nach dem Abc und schreibe sie auf die Linien.

   _____

   _____

   _____

3. Ordne die Wörter nach Wortarten.

   Namenwörter: _____

   Tunwörter: _____

   Wiewörter: _____

   restliche Wörter: _____

4. Vergleiche mit der Lösung. Verbessere.

5. Erfinde einen Quatschsatz oder einen Quatschtext mit vielen ä- und äu-Wörtern.

18. Wörter mit ä und äu – Lösung

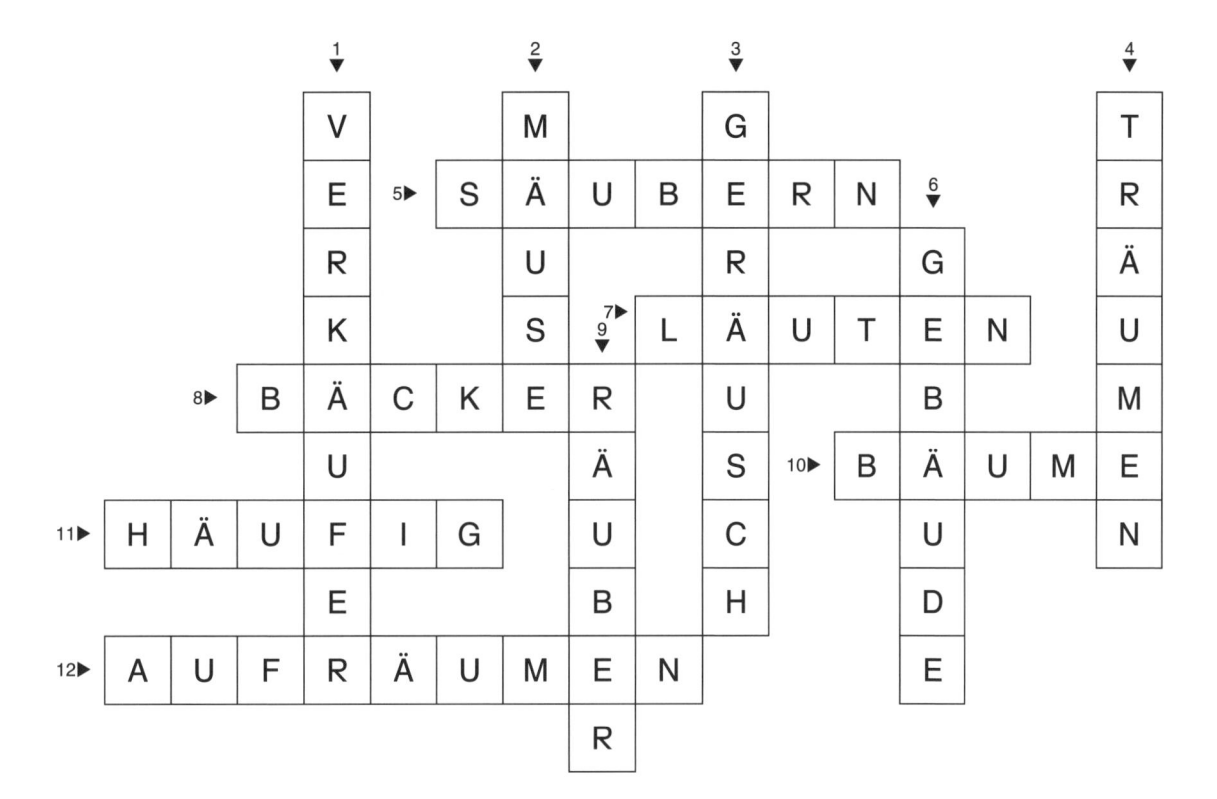

```
          1↓        2↓        3↓                  4↓
          V         M         G                   T
          E    5▶ S Ä U B E R N    6↓             R
          R         U         R         G         Ä
          K         S    7↓9▶ L Ä U T E N         U
     8▶ B Ä C K E R         U         B           M
          U         Ä         S   10▶ B Ä U M E N
  11▶ H Ä U F I G            U         U
                    E         B         D
  12▶ A U F R Ä U M E N                 E
                    R
```

2. Ordne die Wörter nach dem Abc und schreibe sie auf die Linien.

   aufräumen, Bäcker, Bäume, Gebäude, Geräusch, häufig, läuten, Mäuse, Räuber,

   säubern, träumen, Verkäufer

3. Ordne die Wörter nach Wortarten.

   Namenwörter: Bäcker, Bäume, Gebäude, Geräusch, Mäuse, Räuber, Verkäufer

   Tunwörter: aufräumen, läuten, säubern, träumen

   Wiewörter: häufig

   restliche Wörter: –

19. Wörter mit ä

> Manche Wörter, die mit ä geschrieben werden, lassen sich von keinem Wort mit a ableiten. Merke sie dir.

1. a) Kreise alle ä ein.   b) Schreibe mit Bleistift die ä-Wörter in die Kästchen.

   Käfig   Säge   Käfer   Märchen   Käse   Bär   Mädchen   Ärger   März   Lärche

2. Ordne die Wörter nach dem Abc und schreibe sie auf die Linien.

3. Ordne die Wörter nach Wortarten.

   Namenwörter: _____

   Tunwörter: _____

   Wiewörter: _____

   restliche Wörter: _____

4. Vergleiche mit der Lösung. Verbessere.

5. Erfinde einen Quatschsatz oder einen Quatschtext mit vielen ä-Wörtern.

19. Wörter mit ä – Lösung

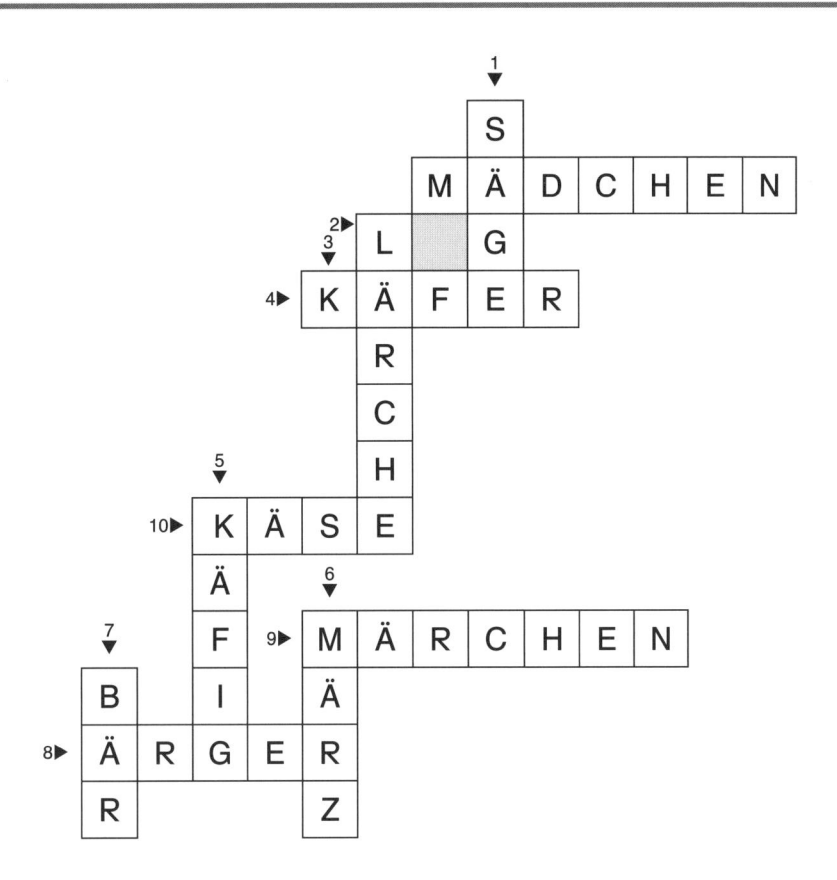

				¹ S				
			M	Ä	D	C	H	E	N
		²▶ ³▼ L		G				
	⁴▶ K	Ä	F	E	R			
		R						
		C						
	⁵▼	H						
¹⁰▶ K	Ä	S	E					
	Ä	⁶▼						
⁷▼	F	⁹▶ M	Ä	R	C	H	E	N
B	I	Ä						
⁸▶ Ä	R	G	E	R				
R		Z						

2. Ordne die Wörter nach dem Abc und schreibe sie auf die Linien.

   Ärger, Bär, Käfer, Käfig, Käse, Lärche, Mädchen, Märchen, März, Säge

   _____

   _____

3. Ordne die Wörter nach Wortarten.

   Namenwörter: Ärger, Bär, Käfer, Käfig, Käse, Lärche, Mädchen, Märchen, März, Säge

   Tunwörter: –

   Wiewörter: –

   restliche Wörter: –

19. Wörter mit ä

> Manche Wörter, die mit ä geschrieben werden, lassen sich von keinem Wort mit a ableiten. Merke sie dir.

1. a) Kreise alle ä ein. b) Schreibe mit Bleistift die ä-Wörter in die Kästchen.

   Käfig   Säge   Käfer   Märchen   Käse   Bär   Mädchen   Ärger   März   Lärche

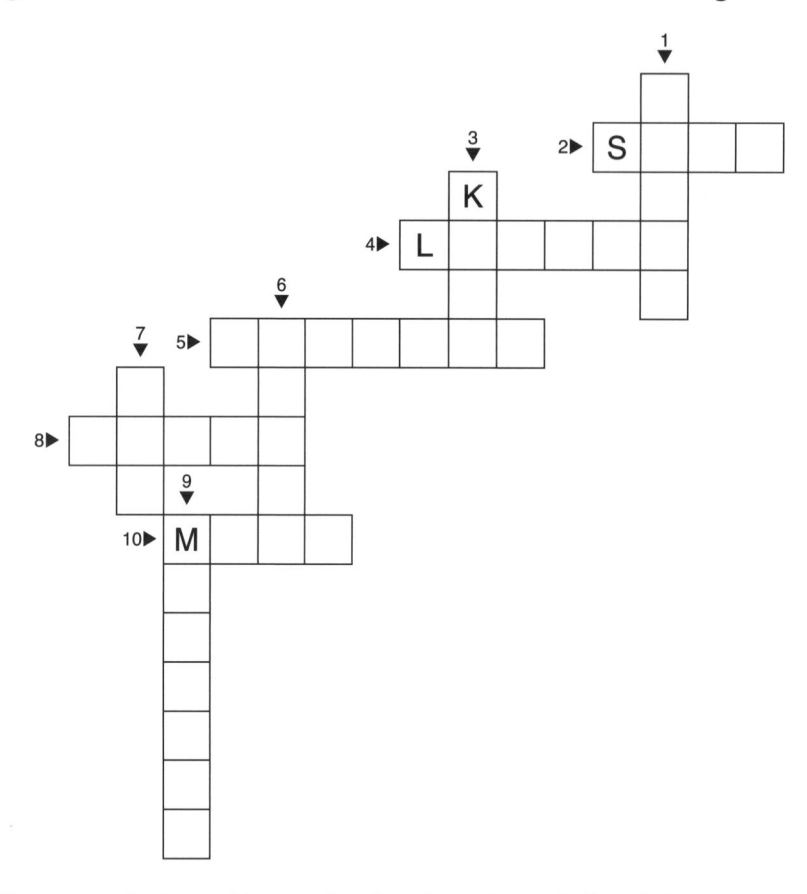

2. Ordne die Wörter nach dem Abc und schreibe sie auf die Linien.

   _____

   _____

3. Ordne die Wörter nach Wortarten.

   Namenwörter: _____

   Tunwörter: _____

   Wiewörter: _____

   restliche Wörter: _____

4. Vergleiche mit der Lösung. Verbessere.

5. Erfinde einen Quatschsatz oder einen Quatschtext mit vielen ä-Wörtern.

19. Wörter mit ä – Lösung

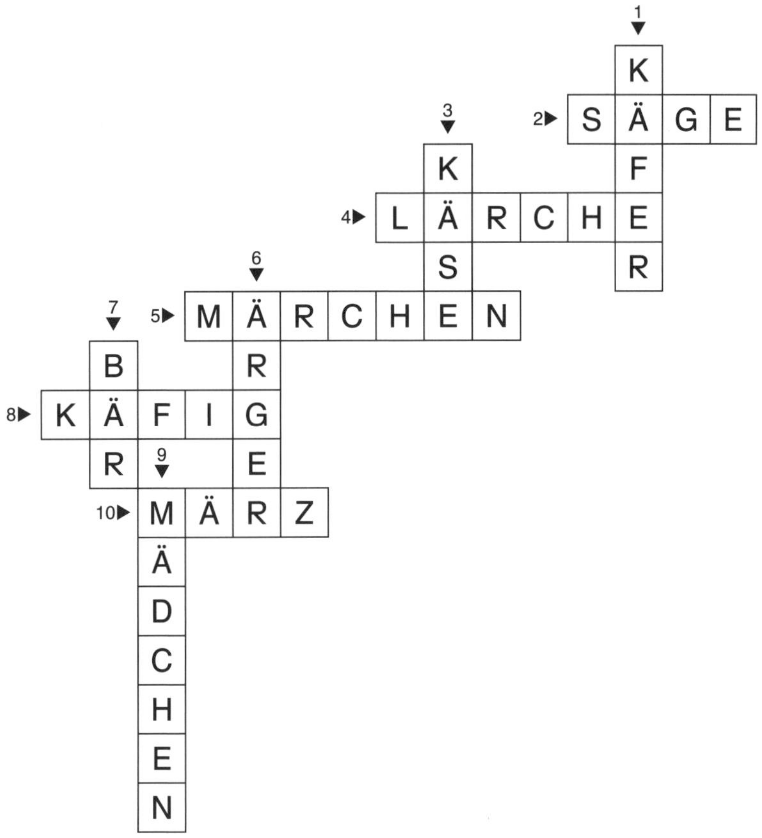

1 KÄFER
2 SÄGE
3 KÄSE
4 LÄRCHE
5 MÄRCHEN
6 ÄRGER
7 BÄR
8 KÄFIG
9 MÄDCHEN
10 MÄRZ

2. Ordne die Wörter nach dem Abc und schreibe sie auf die Linien.

Ärger, Bär, Käfer, Käfig, Käse, Lärche, Mädchen, Märchen, März, Säge

3. Ordne die Wörter nach Wortarten.

Namenwörter: Ärger, Bär, Käfer, Käfig, Käse, Lärche, Mädchen, Märchen, März, Säge

Tunwörter: –

Wiewörter: –

restliche Wörter: –

20. Wörter mit ai

Manche Wörter schreibt man mit ai, obwohl man sie ei spricht. Merke sie dir.

1. a) Kreise alle ai ein.   b) Schreibe mit Bleistift die ai-Wörter in die Kästchen.

**Kaiser   Training   Mai   Hain   Kai   Rainer   Saiten
Laib   Mais   Maike   Hai   Laich**

2. Ordne die Wörter nach dem Abc und schreibe sie auf die Linien.

_____

_____

_____

3. Ordne die Wörter nach Wortarten.

Namenwörter: _____

Tunwörter: _____

Wiewörter: _____

restliche Wörter: _____

4. Vergleiche mit der Lösung. Verbessere.

5. Erfinde einen Quatschsatz oder einen Quatschtext mit vielen ai-Wörtern.

20. Wörter mit ai – Lösung

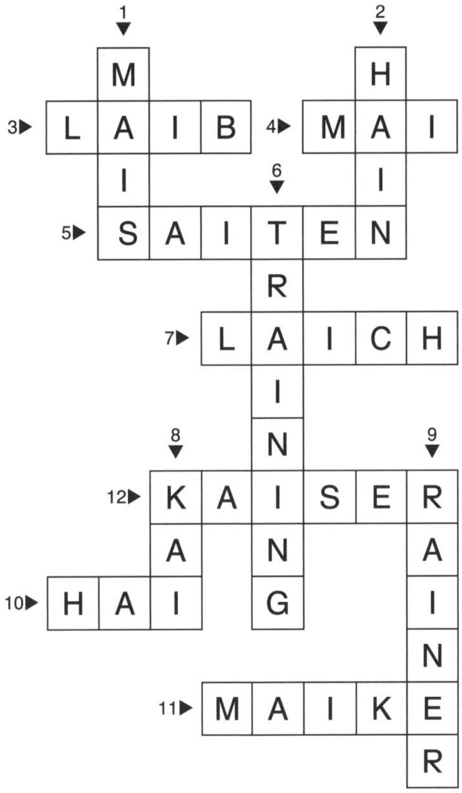

1 MAIS
2 HAIN
3 LAIB
4 MAI
5 SAITEN
6 TRAINING
7 LAICH
8 KAI
9 RAINER
10 HAI
11 MAIKE
12 KAISER

2. Ordne die Wörter nach dem Abc und schreibe sie auf die Linien.

   Hai, Hain, Kai, Kaiser, Laib, Laich, Mai, Maike, Mais, Rainer, Saiten, Training

3. Ordne die Wörter nach Wortarten.

   Namenwörter: Hai, Hain, Kai, Kaiser, Laib, Laich, Mai, Maike, Mais, Rainer, Saiten, Training

   Tunwörter: –

   Wiewörter: –

   restliche Wörter: –

20. Wörter mit ai

> Manche Wörter schreibt man mit ai, obwohl man sie ei spricht. Merke sie dir.

1. a) Kreise alle ai ein.   b) Schreibe mit Bleistift die ai-Wörter in die Kästchen.

**Kaiser   Training   Mai   Hain   Kai   Rainer   Saiten
Laib   Mais   Maike   Hai   Laich**

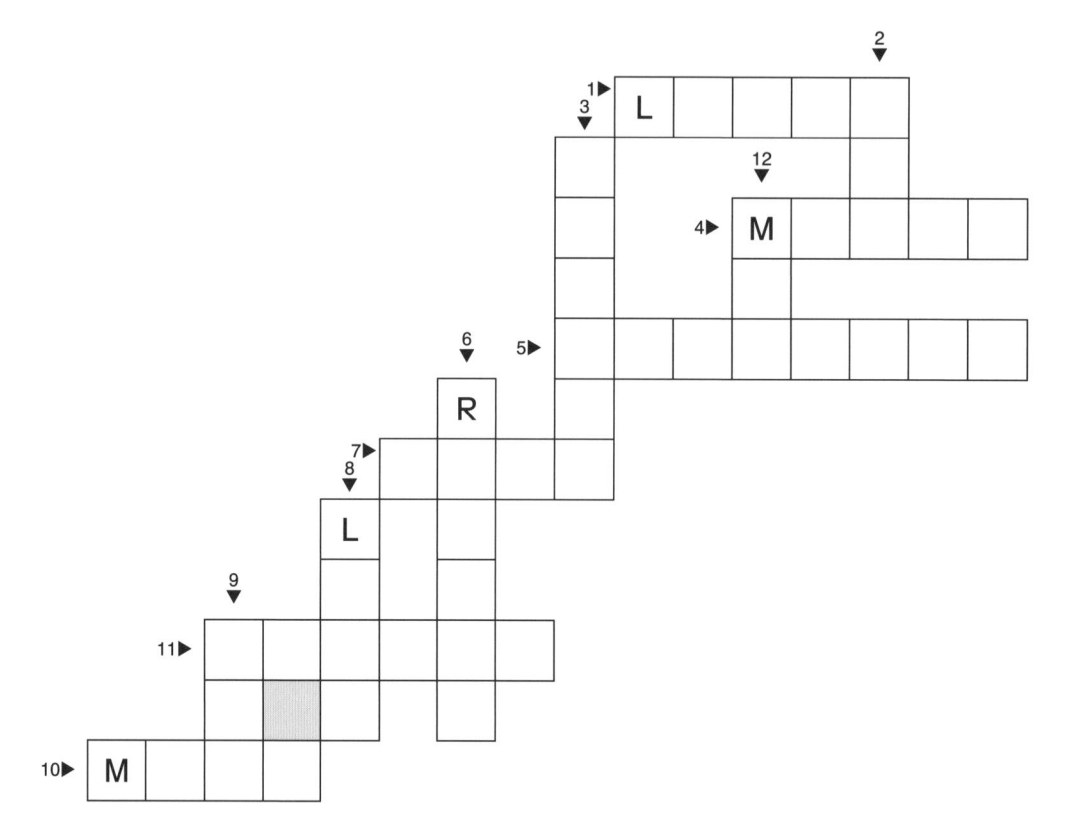

2. Ordne die Wörter nach dem Abc und schreibe sie auf die Linien.

3. Ordne die Wörter nach Wortarten.

   Namenwörter: _____

   Tunwörter: _____

   Wiewörter: _____

   restliche Wörter: _____

4. Vergleiche mit der Lösung. Verbessere.

5. Erfinde einen Quatschsatz oder einen Quatschtext mit vielen ai-Wörtern.

20. Wörter mit ai – Lösung

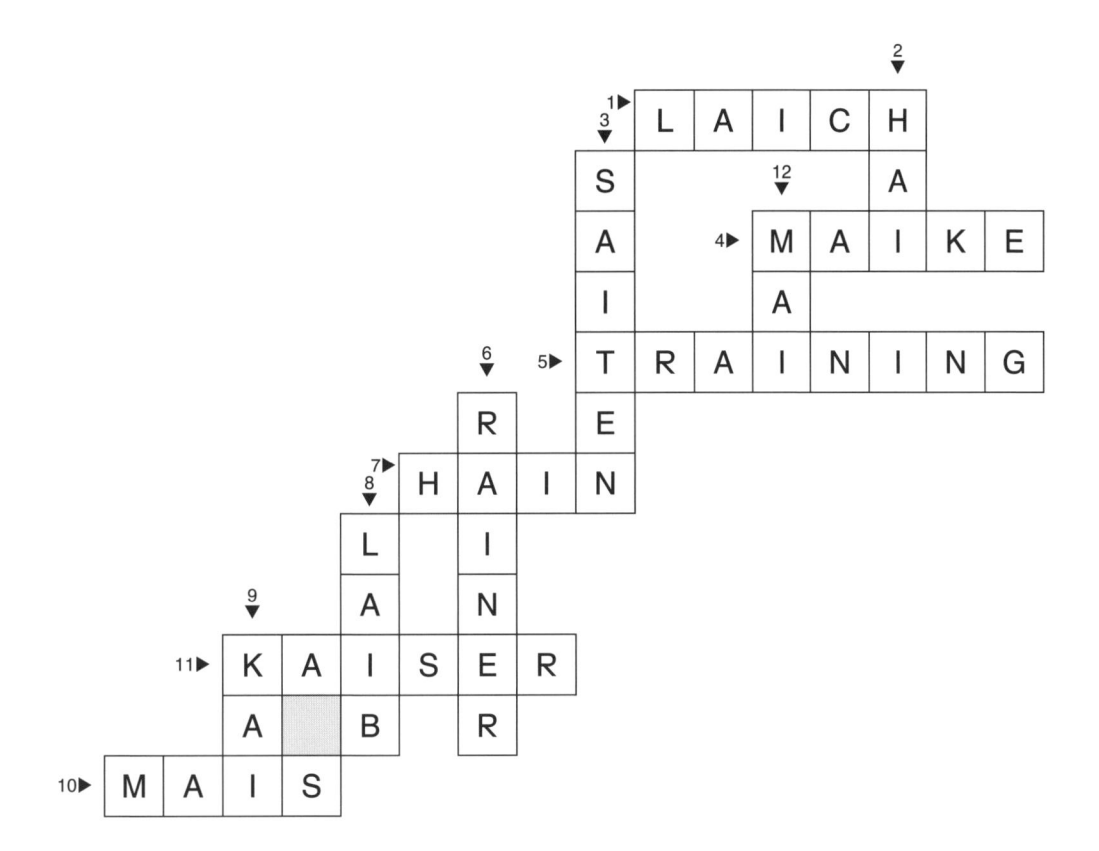

```
            L A I C H
          S       A
          A   M A I K E
          I     A
          T R A I N I N G
        R   E
      H A I N
      L   I
      A   N
    K A I S E R
    A   B   R
  M A I S
```

2. Ordne die Wörter nach dem Abc und schreibe sie auf die Linien.

   Hai, Hain, Kai, Kaiser, Laib, Laich, Mai, Maike, Mais, Rainer, Saiten, Training

3. Ordne die Wörter nach Wortarten.

   Namenwörter: Hai, Hain, Kai, Kaiser, Laib, Laich, Mai, Maike, Mais, Rainer, Saiten, Training

   Tunwörter: –

   Wiewörter: –

   restliche Wörter: –

Besser mit Brigg Pädagogik!
Praxiserprobte Unterrichtsmaterialien für den kreativen Deutschunterricht!

Bernd Wehren

Rätselhafte Lese-Labyrinthe

Spielerisch lesen und schreiben in drei Schwierigkeitsstufen

1.–4. Klasse

68 S., DIN A4, Kopiervorlagen mit Lösungen
Best.-Nr. 606

Die 14 leichten, zehn mittleren und sechs schweren Lese-Labyrinthe fordern die Kinder dazu auf, den richtigen Weg zu finden und damit zu einem sinnvollen Text zu gelangen. Die **30 unterschiedlich schweren Aufgabenblätter** sind immer gleich aufgebaut, sodass die Kinder selbstständig arbeiten können. Mit allen **Lösungen** und **Blanko-Vorlagen** zur Erstellung eigener Labyrinthe.

Bernd Wehren

25 Schmuckblätter für jeden Anlass

1.–4. Klasse

36 S., DIN A4, Kopiervorlagen
Best.-Nr. 549

Dieses Buch bietet Ihnen **25 Schmuckblätter** zu verschiedenen Textsorten, Sachthemen und Festen. Die Schmuckrahmen enthalten viele inspirierende Mini-Bilder zum Ausmalen. Mithilfe der Schreibtipp-Kärtchen und Schriftarten-Vorlage können die Kinder planvoll schreiben – oder auch ganz frei. Die Blätter eignen sich zudem bestens als Briefpapier.

Bernd Wehren

Rätselhafte Puzzle-Bilder

Spielerisch erzählen, schreiben und lesen in drei Schwierigkeitsstufen

1.–4. Klasse

80 S., DIN A4, Kopiervorlagen mit Lösungen
Best.-Nr. 750

Mit diesen wunderschön illustrierten Puzzle-Bildern erlernen die Kinder den sicheren Umgang mit der Schere, das Sammeln von Informationen, das Malen einer Bildgeschichte und Schreiben einer eigenen Geschichte. Das Werk beinhaltet **10 leichte, 10 mittlere und 10 schwere Puzzles**.

Bernd Wehren

Rätselhafte Wörter-Suchsel

Spielerisch den Grundwortschatz von A bis Z festigen

ab Klasse 2

88 S., DIN A4, Kopiervorlagen mit Lösungen
Best.-Nr. 837

Mit den im Band enthaltenen **25 Wörter-Suchseln** zu den Buchstaben üben die Kinder, **500 Wörter des Grundwortschatzes** zu lesen, zu schreiben und nach dem Abc zu ordnen. Mit 12 zusätzlichen Wortfeld-Wörter-Suchseln zu Verben und Adjektiven.

Weitere Infos, Leseproben und Inhaltsverzeichnisse unter
www.brigg-paedagogik.de

Bestellcoupon

Ja, bitte senden Sie mir / uns mit Rechnung

_____ Expl. Best.-Nr. _____

_____ Expl. Best.-Nr. _____

_____ Expl. Best.-Nr. _____

_____ Expl. Best.-Nr. _____

Meine Anschrift lautet:

Name / Vorname

Straße

PLZ / Ort

E-Mail

Datum/Unterschrift   Telefon (für Rückfragen)

Bitte kopieren und einsenden/faxen an:

**Brigg Pädagogik Verlag GmbH
zu Hd. Herrn Franz-Josef Büchler
Zusamstr. 5
86165 Augsburg**

☐ Ja, bitte schicken Sie mir Ihren Gesamtkatalog zu.

Bequem bestellen per Telefon / Fax:
Tel.: 0821 / 45 54 94-17
Fax: 0821 / 45 54 94-19
Online: www.brigg-paedagogik.de

BRIGG Pädagogik VERLAG

Besser mit Brigg Pädagogik!
Vielfältige Kopiervorlagen für Ihren Mathematikunterricht!

Bernd Wehren

Der Einmaleins-Führerschein – Kleines Einmaleins

Verstehen – Üben – Festigen

2./3. Klasse

Buch
88 S., DIN A4,
Kopiervorlagen mit Lösungen,
32 Einmaleins-Führerscheine
Best.-Nr. 851

Klassensatz farbiger Führerscheine
8 Bögen mit je 4 Führerscheinen
Best.-Nr. 852

Das Einmaleins gehört zu den wichtigsten Lerninhalten des Mathematikunterrichts. Mithilfe der Kopiervorlagen lernen die Kinder **Schritt für Schritt** das kleine Einmaleins: von der konkreten Bildebene über die ikonische Darstellung in Punkten zur symbolischen Ebene.

Bernd Wehren

Der Zeichengeräte-Führerschein

Übungsmaterial zu Lineal, Geodreieck und Zirkel

3./4. Klasse

72 S., DIN A4,
Kopiervorlagen mit Lösungen,
32 Zeichengeräte-Führerscheine
Best.-Nr. 547

Klassensatz farbiger Zeichengeräte-Führerscheine
8 Bögen mit je 4 Führerscheinen
Best.-Nr. 548

Die **spielerischen Zeichenübungen** und **konkreten Aufgaben** des Bandes zum Umgang mit Lineal, Zirkel und Geodreieck lassen Ihre Schüler/-innen immer sicherer in der Handhabung mit den Zeichengeräten werden.

Jörg Krampe / Rolf Mittelmann

Abwechslungsreiche Rechenspiele für die 1. Klasse

40 Rechenspiele zu den wesentlichen Lerninhalten

88 S., DIN A4,
Kopiervorlagen mit Lösungen
Best.-Nr. 665

Jörg Krampe / Rolf Mittelmann

Abwechslungsreiche Rechenspiele für die 2. Klasse

40 Rechenspiele zu den wesentlichen Lerninhalten

88 S., DIN A4,
Kopiervorlagen mit Lösungen
Best.-Nr. 608

40 Rechenspiele mit besonderem Schwerpunkt auf der Zehnerüberschreitung! Die abwechslungsreichen Übungen sind lehrbuchunabhängig und sofort einsetzbar und eignen sich hervorragend bei innerer Differenzierung, im Förderunterricht, im Wochenplan und in der Freiarbeit. Durch das exakt gegliederte Inhaltsverzeichnis haben Sie das passende Arbeitsblatt zur Hand und sind auch für die Gestaltung von **Vertretungsstunden** bestens gerüstet!

Weitere Infos, Leseproben und Inhaltsverzeichnisse unter
www.brigg-paedagogik.de

Bestellcoupon

Ja, bitte senden Sie mir / uns mit Rechnung

____ Expl. Best.-Nr. _____

____ Expl. Best.-Nr. _____

____ Expl. Best.-Nr. _____

____ Expl. Best.-Nr. _____

Meine Anschrift lautet:

_____
Name / Vorname

_____
Straße

_____
PLZ / Ort

_____
E-Mail

_____
Datum/Unterschrift   Telefon (für Rückfragen)

Bitte kopieren und einsenden/faxen an:

**Brigg Pädagogik Verlag GmbH
zu Hd. Herrn Franz-Josef Büchler
Zusamstr. 5
86165 Augsburg**

☐ Ja, bitte schicken Sie mir Ihren Gesamtkatalog zu.

Bequem bestellen per Telefon / Fax:
Tel.: 0821 / 45 54 94-17
Fax: 0821 / 45 54 94-19
Online: www.brigg-paedagogik.de

Besser mit Brigg Pädagogik!
Interessante Materialien für Ihren Unterricht!

Bernd Wehren

Der Flüster-Führerschein

für eine ruhige und friedliche Atmosphäre in Klassenzimmer und Schule

64 S., DIN A4
Kopiervorlagen,
32 Flüster-Führerscheine
Best.-Nr. 434

Klassensatz farbiger Flüster-Führerscheine

8 Bögen mit je 4 Führerscheinen
Best.-Nr. 458

Diese **differenzierten Arbeitsblätter** unterstützen Ihre Schüler, leise und friedlich miteinander zu reden, zu spielen und zu arbeiten. Der Flüster-Führerschein motiviert sie, ihr Verhalten über einen längeren Zeitraum zu beobachten, zu reflektieren und testen zu lassen.

Bernd Wehren

Der Erstklässler-Führerschein

Mit neun Selbstlern-Übungsheften erfolgreich durch das erste Schuljahr

184 S., DIN A4,
Kopiervorlagen,
32 Erstklässler-Führerscheine
Best.-Nr. 683

Klassensatz farbiger Erstklässler-Führerscheine

8 Bögen mit je 4 Führerscheinen
Best.-Nr. 684

Dieser Band bietet Ihnen **neun Selbstlern-Übungshefte**, mit denen Sie Ihre Kinder **individuell** zum Schreiben, Schneiden, Rätseln und Rechnen führen. Sie können die Übungshefte kopieren und schrittweise individuell an Ihre Schüler austeilen.

Bernd Wehren

Der Fitness-Führerschein

für mehr Beweglichkeit, Ausdauer und Leistungsfähigkeit

2.– 4. Klasse

68 S., DIN A4,
Kopiervorlagen,
32 Fitness-Führerscheine
Best.-Nr. 746

Klassensatz farbiger Fitness-Führerscheine

8 Bögen mit je 4 Führerscheinen
Best.-Nr. 747

Diese Arbeitsblätter unterstützen Lehrkräfte, ihre Kinder in fünf Bereichen gezielt zu trainieren: **Ausdauer, Beweglichkeit, Kraft, Koordination und Schnelligkeit**. Insgesamt 120 illustrierte Fitness-Übungen sorgen für einen **differenzierten und abwechslungsreichen Sportunterricht**.

Michael Junga

Lerntraining quer durch die Fächer

Denkvermögen, Wahrnehmung, Koordination und Konzentration stärken

1.– 4. Klasse

68 S., DIN A4,
Kopiervorlagen mit Lösungen
Best.-Nr. 748

Mit diesem Lerntraining verbessern Ihre Kinder ihre Konzentrationsfähigkeit und ihre Lernmöglichkeiten. Die **anspruchsvollen Rätselaufgaben** lassen sich quer durch alle Fächer einsetzen. Durch die unterschiedlichen Rätselformen, von Bilderrätseln über Rätselgitter, Zahlenbilder, Punktebilder u. v. a. ist für alle Klassen und für jedes **Leistungsvermögen** das passende Material dabei.

Bestellcoupon

Ja, bitte senden Sie mir / uns mit Rechnung

_____Expl. Best.-Nr. _____

_____Expl. Best.-Nr. _____

_____Expl. Best.-Nr. _____

_____Expl. Best.-Nr. _____

Meine Anschrift lautet:

_____
Name / Vorname

_____
Straße

_____
PLZ / Ort

_____
E-Mail

_____
Datum/Unterschrift   Telefon (für Rückfragen)

Bitte kopieren und einsenden/faxen an:

**Brigg Pädagogik Verlag GmbH
zu Hd. Herrn Franz-Josef Büchler
Zusamstr. 5
86165 Augsburg**

☐ Ja, bitte schicken Sie mir Ihren Gesamtkatalog zu.

Bequem bestellen per Telefon / Fax:
Tel.: 0821 / 45 54 94-17
Fax: 0821 / 45 54 94-19
Online: www.brigg-paedagogik.de